Danielle L. A.

D1431230

LES FEMMES DE LA HONTE
est le trois cent quatre-vingt-neuvième livre
publié par Les éditions JCL inc.

Catalogage avant publication de Bibliothèque et Archives
nationales du Québec et Bibliothèque et Archives Canada

Shariff, Samia, 1959-

Les femmes de la honte

(Collection Victime)
Autobiographie.

ISBN 978-2-89431-389-3

1. Femmes victimes de violence - Égypte - Biographies. 2. Femmes
- Égypte - Biographies. 3. Shariff, Samia, 1959-   . 4. Musulmanes
- Biographies. I. Titre. II. Collection: Collection Victime.

HV6626.23.E3S52 2009   305.892'7620922   C2009-941963-7

© **Les éditions JCL inc.**, 2009
Édition originale : septembre 2009

Les Femmes de la honte

Collection
VICTIME

Les éditions JCL inc.
930, rue J.-Cartier Est, CHICOUTIMI (Québec, Canada) G7H 7K9
Tél. : (418) 696-0536 – Téléc. : (418) 696-3132 – www.jcl.qc.ca
ISBN 2-89431-389-3

Samia Shariff

Avec la collaboration de
Thérèse Lamartine

Les Femmes de la honte

Témoignage

LES ÉDITIONS JCL

DE LA MÊME AUTEURE :

Le Voile de la peur, témoignage, Chicoutimi, Éditions JCL, 2006, 388 p.

SUR LE MÊME SUJET :

SHARIFF, Norah. *Les Secrets de Norah,* témoignage, Chicoutimi, Éditions JCL, 2007, 290 p.

Nous reconnaissons l'aide financière du gouvernement du Canada par l'entremise du Programme d'aide au développement de l'industrie de l'édition (PADIÉ) pour nos activités d'édition. Nous bénéficions également du soutien de la SODEC et, enfin, nous tenons à remercier le Conseil des Arts du Canada pour l'aide accordée à notre programme de publication.

Gouvernement du Québec – Programme de crédit d'impôt pour l'édition de livres – Gestion SODEC

À toutes ces oubliées de la Terre
à qui je souhaite de retrouver,
un jour, le chemin du bonheur.

NOTE DE L'ÉDITEUR

Ce livre est autobiographique. Cependant, par souci de discrétion, la plupart des noms mentionnés des personnes concernées ont été changés.

Table des matières

Préambule 13

Première partie — **L'ADAPTATION**

Fuir ou mourir. 17
Chez moi, enfin!. 23
Sous les apparences. 27
Une oasis de paix. 33
Illusions perdues 39
Idylle virtuelle 47
Les hommes de ma vie 61
Un beau soubresaut du destin. 67
Un quotidien si doux, si dur. 75

Deuxième partie — **L'EXPLORATION**

D'un avion à l'autre 83
L'importun voyageur 95
La logique intégriste. 109
Scène de la vie conjugale. 115
L'histoire se répète. 133

Choisir une épouse à son mari 139

Autre pays, mêmes mœurs 149

Quand manger est un privilège 163

La folie pour un abri 177

Investissement nul 189

Un être surgi du passé 197

TROISIÈME PARTIE — **L'ACTION**

L'une mendie, l'autre croupit 205

Le terrorisme familial et conjugal 213

Violence extrême noyée dans le pétrole 231

Un cadeau du ciel 239

Même dans les meilleures familles 249

Le « ciel » de Ramy 255

Comme dans un film 265

Ne touchez plus à mon corps 271

Ici et maintenant 279

REMERCIEMENTS 285

Préambule

Depuis que j'ai l'âge de raison, je réfléchis à mon propre sort et à celui des femmes algériennes. Dans un premier récit, intitulé *Le Voile de la peur*, j'ai retracé ces années de fatalité que j'ai vécues en Algérie, auxquelles ont succédé de longs mois d'errance en France dans l'espoir vain d'y trouver asile. Munie de faux papiers, j'ai alors tenté l'impossible et j'ai cherché refuge dans une lointaine et ultime destination. La suite du récit que je vous propose de partager s'amorce au début du siècle nouveau, après mon arrivée au Québec, enclave francophone des vastes Amériques.

Par un soir glacial d'octobre 2001, au lendemain des attentats terroristes contre le World Trade Center, j'ai atterri sur la piste d'une ville inconnue, dans un pays tout aussi inconnu et réputé pour son climat sibérien, avec pour seule richesse mes enfants qui ont alors dix-neuf ans, treize ans, quatre ans en jumelé et un an et demi. Ah oui, j'avais aussi quelque deux cents dollars en poche. Tandis que la planète entière tremblait encore d'émoi, je me suis posée avec mes chers petits sur une terre aux mille promesses. Une terre de liberté, de générosité, d'humanité.

Au cours des années qui ont suivi ce jour d'octobre

13

2001, gravé en lettres d'or dans ma mémoire, il ne m'a pas été facile de retirer pour de bon le voile de la tradition, trop souvent celui de l'oppression. Mais le plus difficile, et de loin, a été le combat quotidien que je continue de mener pour me dépouiller du voile de la peur, celui qui obstrue la vue, qui empêche de respirer et qui, pour tout dire, emprisonne la vie.

La peur, je le crains, ne me quittera peut-être jamais totalement. Mais ce que je sais d'elle aujourd'hui me rassure. Elle n'est plus la maîtresse qui dicte ma conduite. Je lui fais face à chaque fois qu'elle menace. Quand c'est nécessaire, je soutiens de façon impertinente son regard et je lui tiens tête. Quelquefois je parviens à la mettre à la porte. Même omniprésente, elle n'a plus le dernier mot.

Par ce second récit que je vous présente, je poursuis le même but: témoigner de l'outrage que mes enfants et moi avons subi, prendre la parole pour toutes celles qui en sont empêchées, et surtout apporter un rayon d'espoir aux femmes, à toutes les femmes qui se débattent et cherchent à survivre à la violence, quel que soit son visage.

PREMIÈRE PARTIE

L'ADAPTATION

Fuir ou mourir

Mes années d'enfance et d'adolescence ont non seulement baigné dans un profond climat d'insécurité et de carence affective, mais elles ont aussi été marquées par diverses atrocités. Mes proches nourrissaient l'idée que ces abominations avaient une fin, celle de me préparer à devenir une femme à part entière.

Très jeune, j'ai constaté avec effroi qu'être femme dans un milieu où les hommes sont rois était une position intenable. Aspirer à devenir une femme libre dans une société croulant sous le poids des archaïsmes s'est révélé une mission impossible.

Aux yeux de plusieurs, je n'étais qu'une prétentieuse qu'il fallait sans cesse rappeler à l'ordre. Et surtout, je n'étais qu'une femme, une vérité que je ne devais pas oublier. J'étais donc incapable par nature et il fallait tout me dicter, me confiner aussi sur un territoire de seconde zone, là où régnait et règne encore un pouvoir masculin absolu.

Sur ce territoire, le gouvernement domine le peuple, le père régente la mère, le frère, la sœur et le mari, sa femme. Dans cette hiérarchie, le bébé mâle qui vient de naître occupe, il va sans dire, une position supérieure à la nouveau-née. La réalité est plus crue

17

encore : un bébé mâle, encore vagissant, est déjà sacré supérieur à ses sœurs, même les plus âgées.

Bienvenue dans un monde d'hommes qui n'a aucune pitié pour les révoltées comme moi, et moins encore pour celles plus révoltées et dont le nombre pourrait surprendre. Mais à quoi peut bien servir la révolte, si personne n'écoute, ou pire, si personne ne voit en nous un être humain à part entière qui possède des droits et qui partage un même besoin de s'affirmer et de s'épanouir? Un être, de l'espèce femme. Simplement.

Alors que j'étais en pleine adolescence, mes parents ont scellé mon destin en m'imposant un mari qui, à peine la fête nuptiale achevée, m'a fait comprendre par la force que j'étais désormais sa propriété. Comme si cela se pouvait, ma situation s'est aggravée sans cesse, à un point où, aujourd'hui encore, je me demande comment j'ai pu y survivre pendant quinze ans.

Sous le joug de cet homme d'une violence extrême et qui avait deux fois mon âge, j'ai résisté tant bien que mal, le plus souvent très mal. À travers cette grande noirceur, un terrible dilemme s'est peu à peu posé, puis imposé : fuir ou mourir.

J'ai choisi de m'évader, contre vents et marées, contre traditions et soumission. J'ai choisi de me sauver et de sauver mes cinq enfants, surtout mes deux filles. J'ai enfin compris qu'elles subiraient le même sort que moi et qu'il fallait à n'importe quel prix tenter cette fuite téméraire, presque insensée.

J'étais la seule adulte de cette famille et mon devoir exigeait de la soustraire à cette infamie.

À ce propos, je tiens à apporter une précision au sujet de mon livre précédent, *Le Voile de la peur*, qui relate ces événements dramatiques. Ce titre rappelle que, sous mon voile, je tremblais de peur comme des millions et des millions de femmes. Si j'entretiens certains doutes à l'égard de la conception du féminin dans la religion islamique, mon premier récit n'en est cependant pas une critique. Il met plutôt en accusation le comportement abject de trop d'hommes musulmans envers leurs femmes et leurs filles.

Mon histoire a été publiée pour la première fois le 8 mars 2006.
Après cette édition, une dizaine de pays procéderont
à des traductions en langues étrangères. Depuis ce temps, près de
500 000 exemplaires ont été vendus à travers le monde.

Je crois que, si les musulmans suivaient vraiment les enseignements et les prescriptions de l'islam, le sort des musulmanes n'en serait jamais arrivé à cet état de dégradation inhumaine. Elles ne seraient pas des millions à survivre dans des conditions à peine concevables. Certains musulmans de sexe masculin ont abandonné les règles de Dieu et y ont substitué leurs propres règles qui, en bref, haïssent le féminin, jusqu'à le tuer parfois.

Loin de moi l'idée de magnifier le monde occidental, qui n'est pas au-dessus de tout soupçon si on examine avec attention les conditions de vie des femmes. En dépit du droit à l'égalité des sexes, à peu près reconnu et enchâssé dans les documents légaux des pays occidentaux, il faut bien reconnaître qu'il existe parfois un fossé de taille entre la reconnaissance juridique et les pratiques quotidiennes. Des manifestations graves et multiples de violence, des écarts salariaux injustifiés, des vexations diverses y sévissent encore. Mais, différence majeure, la notion d'égalité y fait une unanimité officielle depuis environ trente ans, ce qui a pavé la voie à de multiples réformes et a sans conteste amélioré le destin des femmes.

En définitive, aucune des grandes religions monothéistes n'est vraiment favorable aux femmes et les textes sacrés, qu'il s'agisse de la Bible, de la Torah ou du Coran, me laissent parfois sceptique.

Avant de venir au Québec, je me posais très souvent les questions suivantes : est-ce que je devrai toujours subir ma vie, la voir entièrement dirigée et réduite à une peau de chagrin? Est-ce que j'aurai jamais droit à un répit? Le bonheur ne serait-il réservé qu'à certaines privilégiées qui ont vu le jour dans un pays où naître femme n'est pas une malédiction?

L'univers de ces femmes et leur mode de vie me paraissaient naguère tellement irréels et inaccessibles. En fait, l'un et l'autre m'étaient interdits. En ce temps-là, jamais je n'aurais imaginé qu'un jour je joindrais les rangs de ces privilégiées, que je respirerais en paix, à leurs côtés.

Dans cette lutte extrême, trop souvent inégale, ma foi m'a soutenue, m'a renforcée et sauvée à plusieurs reprises. Je ne suis pas une fervente pratiquante de la religion, mais j'observe le ramadan et j'essaie de demeurer le plus près possible de mes croyances. Je sais qu'il y a une force au-dessus de nous. Pour certains, c'est Allah; pour d'autres, c'est Dieu ou une autre incarnation divine. Mais pour moi c'est le même être qui veille sur nous et je le remercie d'avoir exaucé mes prières.

Chez moi, enfin!

Maintenant, le temps est venu. Je crois être mûre pour écrire un nouveau chapitre de ma vie, le partager avec d'autres femmes, d'autres hommes aussi, et laisser la peur loin derrière moi. Ou du moins, la remettre à sa place chaque fois qu'elle cherche à pénétrer chez moi. Ma porte lui est désormais fermée.

À présent, lorsque je m'exprime en français, un léger accent québécois s'entend très bien, comme si par cet emprunt je voulais marquer un territoire tout neuf qu'il me reste pourtant à déchiffrer à bien des égards. Cet accent traduit mieux que n'importe quelle expression mon sentiment d'appartenance à ce pays d'accueil où j'ai désiré avec tant d'ardeur m'intégrer, me fondre presque. L'habiter, me l'approprier et le convertir en un chez-moi tant espéré. Chez moi, c'est ici, désormais.

Aujourd'hui, je me sens libre. Libre de circuler la nuit comme le jour, libre de m'habiller ou de me maquiller comme je l'entends, libre de raconter ou de me taire. Depuis la parution du *Voile de la peur* et le succès qu'il a connu, je donne des conférences où je retrace mon invraisemblable parcours. Une émotion douloureuse m'étreint à chaque fois que je me promène ainsi sur les chemins troubles du passé, mais je persiste dans cette voie, autant pour l'exorciser que pour transmettre aux autres femmes une parole d'espoir.

Personne ne saurait évoquer semblable histoire sans états d'âme ou sans renouer avec des sentiments déchirants. Pourtant, je me prête volontiers et avec sincérité à ces échanges. «Pourquoi?» pourraient se demander certaines personnes. Parce que je suis libre de le faire et que je ressens un besoin pressant de dévoiler ce que cachent les apparences, les bonnes manières, la richesse parfois. Les volets fermés des maisons et les silences pudiques. Les intérêts de chacun, plus importants que la justice.

Il m'importe de montrer aux gens d'ici la souffrance trop longtemps tue de certaines musulmanes, qui est aussi le lot d'innombrables femmes à travers le monde. C'est pour elles que je parle, et pour moi aussi. De cette manière, je garde la tête haute devant ceux qui m'ont humiliée et torturée. S'ils m'ont dépouillée et vidée jusqu'au désespoir, leurs mauvais traitements n'auront pas réussi à prendre l'essentiel de ce que je suis, ma force vitale, cette énergie qui me permet la résilience et m'autorise à offrir mes mots en guise de preuve.

Je n'oserais affirmer que témoigner constitue une forme de vengeance, mais parfois cette idée me traverse l'esprit. Une chose est sûre: par mes mots, dits ou écrits, j'exprime ma liberté. Je vous dois toutefois une vérité: je ne raconte pas tout, car il serait trop éprouvant de le faire, peut-être imprudent aussi. Et je sais que vous comprenez mon choix de conserver secret un petit coin de mon jardin.

Qu'on le veuille ou non, la souffrance est mère de bien des enseignements. Je ne suis pas masochiste, loin de là, et je n'aime pas souffrir. Je pense pourtant que, lorsqu'on a survécu à des épreuves extrêmes, on peut tout affronter et, prix de consolation peut-être, on apprécie les plus infimes joies.

Malgré les souvenirs qui m'assaillent et me font fréquemment revivre la souffrance passée, malgré l'amertume que je ressens envers ceux qui m'ont blessée, malgré les sentiments ambivalents que je ressens pour ceux qui n'ont pas pu ou n'ont pas voulu me porter secours dans des moments où je croyais la mort plus clémente que cette agonie, j'essaie de profiter au maximum de ma nouvelle vie ici, à Montréal. Ici, au Québec.

Oublier n'est pourtant pas si aisé. Y parvient-on jamais? Chose certaine, je me sens mieux, je suis libre, je voyage... Parfois, quand je retourne en arrière, dans la boue du passé, une réalité incontournable s'impose à moi. Que je le veuille ou non, ce passé est inscrit dans le livre de mon histoire. Les pages qui le composent en feront toujours partie. Inutile de les tourner ou même de les arracher. Elles restent là, imprimées en moi. Je demeure en quelque sorte prisonnière du passé.

Mais cette histoire se poursuit et, conjuguée au présent, elle se montre très généreuse à mon endroit. Et vous aurez compris que je ne parle pas d'argent, mais de ces choses belles que je ne soupçonnais même pas et que je découvre avec avidité au fil des nouveaux chapitres.

Je crois que mon premier témoignage a eu une résonance chez les femmes, musulmanes ou non. Quatre ans se sont écoulés depuis et je reçois chaque mois encore des centaines de lettres et de courriels qui me réchauffent le cœur et me confirment à quel point

ce que j'ai partagé a été utile. Des femmes, québécoises, françaises ou d'autres nationalités me confient :
«Samia, depuis que j'ai lu ton livre, je ne vais plus chez
mon psy. Du coup, je me suis sentie guérie. J'ai enfin
compris que je créais mes propres bogues et bobos.
J'ai surtout pris conscience que j'ai un mari
merveilleux et une famille qui m'aime.»

Je retrouve cette confidence déclinée de diverses
manières. Mais chacune d'elles rappelle une grande
vérité : une femme possède l'essentiel si elle rencontre
l'amour et la compréhension.

Sous les apparences

Les gens qui ont lu mon premier récit et que je rencontre dans les salons du livre ou ailleurs me donnent souvent l'impression d'être un peu déçus. Comme s'ils s'attendaient à voir une femme aigrie et vieillie par les épreuves hors du commun subies durant de trop longues années. L'air jeune que je présente semble trahir l'image qu'ils s'étaient fabriquée. Quelqu'un m'a même demandé, lors d'une séance de signatures, si j'étais Norah, la fille de Samia...

Tout d'abord, je ne suis pas jeune. Je n'ai pas non plus mordu dans la vie à pleines dents, loin de là. Je rencontre encore des difficultés qui en feraient pâlir plusieurs. Mais se sentir libre, sans regards inquisiteurs qui surveillent ses moindres gestes en permanence, amplifie la respiration et donne bon teint.

Les femmes avec qui j'échange me demandent souvent: «Samia, quel est donc ton secret pour rester belle et rayonnante?» Je réponds sans hésitation que, malgré ses problèmes, une femme doit rester positive et optimiste, sans fléchir. Elle doit envisager l'avenir sous l'angle de ses promesses, envers et contre tout. Sinon, son compte est bon, pour employer une expression familière.

J'ajoute que la foi a préservé ma jeunesse. Si mes

plus belles années m'ont été cruellement dérobées, j'aime croire qu'une deuxième chance m'a été donnée. Je n'ai pas manqué de la saisir et j'entends en profiter, sinon en abuser. Dans ma tête, je vis comme une jeune fille qui rattrape le temps perdu. Loin d'être écervelée, cette jeune fille sage, qui sait prendre ses décisions, s'offre la chance de goûter le bonheur inouï de se sentir enfin dans la fleur de l'âge. À vingt ans, j'étais déjà vieille. Alors que j'en compte plus du double, ce n'est que justice de pouvoir ainsi rajeunir.

À celles et ceux qui voient une ambivalence dans mon apparence d'aujourd'hui et cette existence d'hier, j'aimerais confier un secret, en fait une épreuve si ténébreuse que je ne l'ai encore jamais racontée à personne, pas même à mes filles. Un tel événement vous salit et vous réduit à un état misérable. Alors que l'humiliation de la femme et de la mère a atteint un paroxysme, ce malheur ne m'a cependant laissé que des marques invisibles.

À cette époque, je cherchais encore asile en France, même si mes espoirs s'amenuisaient de jour en jour et que les conditions de vie étaient rudes. En attente d'un logement, ce qui de toute évidence n'était pas la priorité du gouvernement français ou de la Mairie de Paris, j'habitais depuis presque un an avec mes cinq enfants dans un hôtel modeste situé dans le vieux Paris et que payait l'aide sociale. Si les deux chambres contiguës mises à notre disposition étaient minuscules, elles étaient propres et paraissaient quasi luxueuses avec leur douche et leur téléviseur. Ma fille Norah et moi avions trouvé du travail à temps partiel et nos maigres salaires payaient les repas que nous devions prendre à l'extérieur. Nous menions une existence précaire, pourchassés par les intégristes algériens, mais encore portés par le désir de nous en sortir. C'est alors que des bureaucrates décidèrent de nous abandonner à notre sort, mes enfants et moi.

Fou de rage de voir ses revenus diminués de moitié par l'État, l'hôtelier menaça de nous jeter à la rue. À l'occasion de son excès d'agressivité, il eut l'occasion de savoir exactement quel était mon point sensible, mon côté vulnérable. Il comprit vite que j'étais prête à n'importe quoi et que rien ne m'arrêterait pour préserver ce toit et garder mes enfants à l'abri.

Nous étions couchés quand il vint me chercher. Il frappa si fort à la porte que je sus sans l'ombre d'un doute qu'une chose horrible allait arriver. Debout, en face de moi, l'homme ressemblait à un oiseau de proie.

— Je veux que vous descendiez tout de suite avec moi, clama-t-il sur un ton mauvais.
— Je rassure mes enfants et je vous suis, lui répondis-je d'une voix étouffée sous le choc de l'intimidation.

Après m'avoir secouée un bon coup et avoir proféré quelques menaces bien senties pour me terroriser, l'homme réitéra son ordre de le suivre. J'implorai les enfants de se calmer et de dormir.

Norah, mon aînée, rouspétait :

— Qu'est-ce qu'il te veut?

Et moi de tenter de la rassurer :

— Ne t'inquiète pas. Il veut sûrement négocier le paiement de la chambre. Prends soin des petits et rassure-les un peu, le temps que je revienne.

Le petit Zach, mon bébé, se mit à pleurer, comme chaque fois qu'il apercevait le méchant monsieur, comme les jumeaux avaient surnommé l'hôtelier. Norah tenait son petit frère dans ses bras, pendant que je refermais la porte. Ce qui m'attendait serait très désagréable, je le devinais. Jamais, au grand jamais, je n'aurais cependant pu envisager pareille mortification.

La nuit tombait à peine et les femmes de chambre étaient rentrées chez elles. L'ignoble hôtelier me mena à la porte d'une chambre d'où émanait une puanteur insupportable. La porte entrebâillée révéla la provenance de l'air empesté : il y avait des vomissures et de l'urine partout. Des vêtements masculins défraîchis, qui devaient appartenir à un homme âgé, jonchaient le sol. Sans rien dire, sans m'expliquer quoi que ce soit, l'homme me tendit un torchon, une serpillière comme on dit en France, et une chaudière. Il me lança sur un ton de mépris :

— Nettoyez tout ça!

Il quitta la pièce et me laissa seule au milieu des déjections.

L'odeur était si infecte que je dus me précipiter dans la salle de toilettes pour y vomir à mon tour. Même aujourd'hui, il m'est impossible de décrire avec précision l'état de la chambre. En ramassant les vêtements, je reconnus ceux d'un très vieil homme que la famille croisait tous les soirs à notre resto refuge McDonald's, lui venant pour manger un sandwich, nous pour nous abriter du froid, de la pluie et de l'ennui.

Quand il arriva au restaurant, le teint vert, mes

filles me chuchotaient à l'oreille : « Maman, il sent la tombe.» Et c'était si vrai que je me demandais comment il arrivait à se tenir debout. On aurait dit un mort-vivant.

Je me revois, accroupie dans le silence de la nuit, en train de nettoyer les immondices. Deux heures plus tard, le travail était terminé. Lorsque je remis le nécessaire de nettoyage à l'hôtelier, il me dit que si je n'avais pas fait le travail, personne d'autre n'aurait accepté de le faire : l'homme était mort dans cette chambre depuis trois jours.

La tête baissée pour ne plus croiser un regard humain, et surtout pas celui de cet homme insensible, je me précipitai dans ma chambre. Norah était réveillée. Elle m'attendait.

— Ça va, maman ?
— Ça va, Norah. Dors, maintenant.

J'évitai avec soin son regard qui cherchait à savoir. Très vite entrée dans la minuscule salle de bains, mes vêtements enlevés à la hâte et à l'abri des interrogations de ma grande fille, je restai plus de vingt minutes sous l'eau de la douche. Recroquevillée, pleurant des larmes d'amertume et de découragement, je cherchais à nettoyer la puanteur de la mort, mais surtout l'odeur de la dégradation. Laquelle des deux me bouleversait le plus ? À la vérité, elles étaient aussi difficiles l'une que l'autre à masquer, tant elles se ressemblaient.

J'entendais Norah m'appeler doucement pour ne pas réveiller sa sœur et ses frères. Je lui répondis que tout allait bien, que l'homme m'avait confié un peu de ménage en guise de dédommagement. Norah n'en croyait pas un traître mot, je le savais, mais n'était-il pas préférable qu'elle fasse semblant comme moi et interprète son rôle de dupe jusqu'au bout?

Une oasis de paix

Ce n'est qu'une fois établie ici, dans mon pays d'adoption, que j'ai saisi la véritable portée de la liberté et de la tolérance. Toutes deux sont devenues des phares et j'en ai fait mes priorités. Entourée de mes enfants, je mène une existence plutôt simple en comparaison de celle que j'ai abandonnée au passé. La tranquillité et la paix intérieure profonde qui m'habitent, je les souhaite à toutes ces femmes qui souffrent en silence.

En arrivant ici, j'ignorais ce qui nous attendait, mes enfants et moi. Le chemin le plus dur, parsemé de pièges, était désormais loin derrière nous et il nous fallait à présent aller de l'avant, vers l'avenir.

Je n'étais certaine de rien. Il y avait des jours où je me sentais très heureuse, suivis de jours sombres où je pleurais sans pouvoir m'arrêter. Que nous réservait demain? Je n'en avais pas l'ombre d'une idée et parfois ma boussole tombait en panne.

Bien sûr, le bonheur que je lisais sur le visage de mes cinq enfants me rassurait. Eux aussi avaient trouvé la paix et la sécurité. Je me répétais: «*Samia, tes enfants sont heureux ici. N'est-il pas temps que tu le sois aussi?*»

Je ne croyais pas encore à cette denrée si rare que

l'on nomme bonheur et surtout je le soupçonnais d'être éphémère. Il ne pouvait pas être durable. Cette dérive interminable qu'avait été ma trajectoire jusque-là ne pouvait prendre réellement fin. La seule pensée qu'elle pouvait se terminer enfin me paraissait surréaliste.

Par ailleurs, je m'étais imaginé avec une certaine candeur qu'être à mille lieues de ma famille d'Alger m'aiderait à effacer les souvenirs qui continuaient à me hanter, mais j'ai dû admettre que seul un lavage de cerveau y parviendrait. Et encore!

On n'oublie pas. On peut seulement apprendre à mieux porter un si lourd bagage.

Tantôt, j'osais croire que mon père et mes frères s'étaient fait une raison et qu'ils avaient rayé de leur existence jusqu'à mon nom. Ils devaient sans aucun doute penser: «Samia est loin à jamais. Bon débarras!» Tantôt, je devenais à nouveau perplexe et j'appréhendais un autre coup vicieux du destin. Malgré ces hauts et ces bas émotionnels, je parvenais quand même à me réjouir d'habiter enfin cette terre rêvée où rien ne semblait impossible. Somme toute, le reste m'importait peu.

Au début, peu après notre installation à Montréal, j'étais tellement excitée qu'il m'arrivait de négliger les obligations quotidiennes pourtant essentielles à une existence décente. Je devais me rappeler à l'ordre: «*Samia, il faudrait travailler. Sinon, comment faire vivre ta petite marmaille? Les enfants sont des oisillons qui ouvrent leur bec en attendant la nourriture.*»

Dès notre arrivée au Québec, ma grande fille Norah a elle aussi commencé à travailler à temps plein. De son côté, Mélissa, la plus jeune, tenait la caisse après l'école à l'épicerie du coin, au dépanneur comme on dit ici. Toutes deux subvenaient ainsi aux besoins de la cellule familiale. Quant à moi, je me chargeais des besoins matériels et affectifs de la maisonnée, et surtout de ceux des trois derniers. Parmi mes priorités, cela allait de soi, il fallait que je me trouve du travail à mon tour. Mais quoi faire?

Mes parents, mon père surtout, n'avaient pas jugé utile que j'étudie. Ils n'avaient pas entendu les paroles du poète Rachid Boudjedra: «À quoi servent mes poèmes, si ma mère ne sait me lire?» La pensée traditionnelle en Algérie a encore de nombreux adeptes et ma famille défendait l'idée que, pour trouver un mari, une fille devait posséder bien d'autres atouts que le savoir des livres.

Un professeur de langue arabe, à l'école secondaire d'Alger où j'étudiais, ne partageait pas cet avis. En fait, il y était diamétralement opposé. L'issue de cette divergence de point de vue était facile à deviner. Voici, dans les grandes lignes, comment ça s'est résolu.

Mon père avait laissé entendre que j'allais bientôt devoir quitter l'école, ce qui m'avait démotivée tout net. Un jour, ce professeur m'avait dit:

— Samia, je ne te reconnais plus. Qu'est-ce qui se passe?

En sanglots, j'avais vidé mon trop-plein d'angoisse:

— La Samia que vous connaissez se meurt. Mes parents ne veulent plus que j'étudie. Pour eux, la place d'une femme est à la maison. Auprès de ses parents d'abord, de son mari ensuite.

— Ils n'ont pas le droit de te faire ça. La place d'une jeune fille, comme celle d'un garçon, est à l'école. Tes parents doivent comprendre qu'ils ne seront pas toujours là, et que ton mari peut divorcer ou mourir.

Passant outre à l'attitude intimidante de ma mère et à sa grimace sarcastique, je lui avais raconté cet entretien avec le professeur le jour même. Le bruit de sa gifle résonne encore dans ma tête, tout autant que ses paroles.

— Mademoiselle veut tous nous tuer. Sache, ma fille, qu'on ne mourra pas, et que tu vas quitter l'école qui t'apprend à répondre à tes parents et à t'opposer à leurs décisions.

Fin de la conversation, fin de l'école. Exit l'espoir.

Il s'est écoulé plus de trente ans entre ce verdict parental à Alger et ma recherche d'emploi à Montréal. Sans diplôme et sans expérience, que pouvais-je espérer trouver à mon âge? Après notre arrivée au Québec, j'ai soigneusement évité ce sujet troublant tant que j'ai pu le faire. Nous n'étions pas riches, mais il me semblait que nous possédions l'essentiel. Et j'ai reporté à plus tard l'obligation de gagner ma vie, selon l'expression consacrée et si curieuse.

Au fur et à mesure que les jours passaient, j'ai commencé à reprendre goût et confiance en l'existence. Nous avons emménagé dans un petit appartement, situé en plein cœur d'un quartier défavorisé de Montréal.

J'ai calmé mes angoisses en me berçant de l'idée réconfortante que ma famille m'avait déjà oubliée. Je devais bientôt apprendre par ma petite sœur qu'un jour ma mère lui avait mentionné que, pour eux, j'étais morte. Malgré ma peine, je me souviens avoir ressenti un profond soulagement. Il valait mieux qu'il en soit ainsi, pour notre sécurité à tous.

L'esprit calmé, j'ai alors souhaité sortir et m'ouvrir sur la communauté environnante, découvrir les gens, la vie d'ici et le pays. On m'a dépeint les couleurs de la région des Laurentides et je suis allée voir de près les paysages dont j'avais rêvé ou que j'avais vus sur des photos et à la télé. Comme tout le monde, j'ai aussi voulu nouer des liens et créer des amitiés. Ce besoin d'avoir des amis est devenu très pressant, de même que, petit à petit, celui de rencontrer un homme. Après tout, je me savais encore capable d'aimer. Oh! oui.

Quand je sortais avec les enfants et que Norah m'appelait maman, les gens croyaient que c'était une blague. Nous avons ri souvent de leur perplexité quand ils apprenaient que tous ces enfants à mes côtés étaient les miens. Les gens s'exclamaient: «Mais vous êtes si petite!» Cette remarque aussi me faisait rire, car je ne me trouvais pas si petite. En France, «petite» signifie «pas grande de taille». Avec le temps j'ai compris qu'au Québec «petite» pouvait aussi vouloir dire «mince».

Il y a plusieurs autres subtilités du langage d'ici que je n'ai pas encore décodées et qu'il me reste à maîtriser.

Dans le tourbillon des premiers jours que nous avons passés ici et des mille détails que je devais régler, nous avons pris le temps de nous promener dans les rues de Montréal et d'en explorer les odeurs et le rythme avec une curiosité gourmande. L'automne magnifique était déjà bien entamé et ses couleurs nous réjouissaient. Tout y était immense et différent. Les enfants s'écriaient : « Maman, où sont les gens ? » L'espace ne cessait de nous étonner. En comparaison, les rues françaises sont si petites et bondées de monde !

Au fil de nos promenades, il nous arrivait de demander des renseignements aux gens qui, avec amabilité, prenaient le temps de nous aider et ne manquaient pas de répondre à nos remerciements par un joyeux « Bienvenue ! ». Cette expression nous a vraiment marqués, les enfants et moi. À chaque fois qu'ils disaient cela, les filles et moi nous regardions, surprises. Norah m'a bientôt demandé :

— Maman, comment savent-ils qu'on vient d'arriver ?

C'était la question que je me posais depuis le début. J'avais conclu qu'ils le devinaient à cause de notre accent. Nous avons bien rigolé quand une voisine nous a expliqué que les Québécois ne répondaient pas « De rien » ou « Il n'y a pas de quoi », mais « Bienvenue », à chaque fois qu'on leur disait merci. Elle a précisé à notre intention que cet usage est calqué sur l'anglais.

À propos de particularités linguistiques, j'avais quelquefois du mal à comprendre mes trois petits garçons. Ils avaient immédiatement adopté l'accent d'ici et appris les expressions québécoises. Leurs grandes sœurs me servaient souvent d'interprètes. Au fond, j'étais ravie et rassurée, car cette langue québécoise marquait la distance qui séparait le passé du présent. Nous étions loin. Mon rêve prenait forme. Enfin !

Plus je me sentais dépaysée et mieux je me portais.

Illusions perdues

Au début de notre périple en sol canadien, mon seul souhait était la venue de Hussein, le père de mes trois derniers enfants. Je souhaitais que nous oubliions le petit différend qui nous avait un peu éloignés, que nous reprenions la vie commune pour continuer à élever nos enfants et créer ainsi une cellule familiale heureuse et unie. Voilà ce qui manquait à un tableau autrement serein. Les garçons désiraient ardemment avoir leur père près d'eux, sous le même toit. Sa présence les aurait rendus tout à fait heureux.

Durant les premiers mois que nous avons vécu au Québec, Hussein m'appelait au moins une fois par semaine. Quatre mois plus tard, ses téléphones se sont arrêtés d'un seul coup, pour de bon. Je me suis inquiétée et les enfants aussi. J'ai donc tenté à mon tour de le joindre, mais, lorsque j'ai composé le numéro de téléphone que j'avais, j'eus la surprise de constater qu'il n'y avait pas d'abonné à ce numéro. Que se passait-il? Tout allait pour le mieux et il devait bientôt venir nous rejoindre comme nous l'avions projeté.

Je ne comprenais plus rien et mon angoisse augmentait au fil des jours. La situation sociopolitique était critique, là-bas, et j'avais peur pour lui, car les terroristes pourchassaient les militaires, et vice versa. Avait-il été arrêté? Cette idée me donnait la chair de poule et je rejetais aussitôt une telle horreur. S'il était arrivé quelque chose à leur père, les enfants en seraient perturbés le reste de leur vie.

Chaque jour, en rentrant de l'école, ils demandaient si leur papa avait appelé. Il m'arrivait de leur mentir et de répondre par l'affirmative, et même d'ajouter qu'il les embrassait.

Des semaines et des mois ont passé, et le téléphone demeurait muet. Après sept mois de mensonges, j'ignorais encore ce qui pouvait être arrivé à Hussein. Je ne savais pas où le joindre, ni à qui demander de ses nouvelles. Le doute agissait comme une arme de destruction lente, mais efficace. Il m'arrivait de rêver de lui, de le voir souffrir et de l'entendre m'appeler au secours. Impuissante, je me réveillais baignée de sueurs froides.

Un jour où les enfants étaient à l'école, le téléphone a enfin sonné. J'avais le sentiment que c'était Hussein. Affolée, je me suis précipitée sur le combiné. Mon cœur battait et se débattait contre la vérité toute proche.

— Hussein, c'est toi?
— Non, pas Hussein, mais son frère Farid. Comment vas-tu, Samia? Et les enfants?
— Nous allons tous très bien. Je me trompe, ou ce n'est pas le cas de Hussein? Dis-moi qu'il se porte bien.
— Ne t'inquiète pas pour lui. Pense plutôt à ta santé et à tes enfants, car ils n'ont que toi.
— Je t'en prie, Farid. Les enfants ont aussi un père. Où est-il? Je veux lui parler!
— Je vais te donner son numéro de cellulaire, mais ne lui dis surtout pas que c'est moi qui l'ai fait.

— Qu'est-ce qui se cache derrière cette mise en scène? Il me semble que c'est mon droit le plus strict de le savoir. Hussein est toujours mon mari, que je sache.

— Je lui ai demandé plusieurs fois de t'appeler pour te prévenir de ce qu'il en est, mais à chaque fois il reportait cela à plus tard. Devant sa réticence, je me suis donc résolu à te l'apprendre moi-même. Et ce sera à toi de décider quoi faire par la suite, Samia. À toi et à toi seule.

— J'ai peur de ce que tu vas m'annoncer. Hussein me trompe encore, c'est cela? De toute façon, je ne suis pas idiote. Une femme sait quand son mari lui est infidèle.

— Samia, Hussein est marié depuis quatre mois et sa femme est enceinte.

Et vlan! Une décharge électrique ne m'aurait pas autant atteinte, ni avec cette violence. Hussein, l'homme en qui j'avais placé ma confiance, m'avait trahie. Je m'attendais à tout, sauf à cette révélation. Ce genre de drame ne devait désormais arriver qu'aux autres. À moi, jamais plus, et surtout pas en ce moment. N'étais-je pas devenue une femme libre, qui défend ses opinions, qui sait s'affirmer et qui décide de son avenir? Qui ne se fait plus manipuler, et encore moins par un homme?

Je me sentais laissée pour compte, jetée aux ordures comme un vêtement qu'on ne veut plus porter. Je refusais avec amertume cette autre gifle du destin. Dans mon esprit, cela ne pouvait m'arriver à moi, désormais. Une telle déconvenue pouvait éclater en plein visage et en tout temps aux femmes demeurées là-bas, aux femmes qui n'ont pas encore pris leur avenir en main et aux femmes dont la place est assignée par l'homme. Aux femmes comme moi? Certainement plus.

Libre ou pas, loin ou pas, mon mari avait pris une seconde femme sans même daigner m'en aviser. Hussein, l'homme loyal et bon, n'était en définitive qu'un homme comme les autres. Peut-être avait-il tout ce temps abusé de ma naïveté.

— Samia, je suis désolé, s'est excusé Farid. Je dois raccrocher, mais note son numéro. Il vaut mieux que tu comprennes avant de prendre une décision.

Pendant que Farid me saluait, de cruelles pensées m'assaillaient déjà. Qu'allais-je encore inventer pour protéger les enfants? Ils étaient jeunes et n'accepteraient pas que leur père ait choisi une autre vie au lieu de venir ici avec nous.

Mille et une questions fusaient dans mon esprit troublé. Une suite sans fin de pourquoi, pourquoi, pourquoi. J'avais beau essayer d'élaborer des explications, je ne parvenais pas à assimiler cette réalité. Je supposais qu'il avait épousé la femme avec qui il m'avait déjà trompée, celle-là même qu'il avait aimée avant de me rencontrer. Mais la vraie surprise était à venir.

Quelque temps après ce fatidique entretien avec son frère, je me suis enfin décidée à téléphoner à Hussein. Sa réponse m'a renversée. Il m'a annoncé que, le voyant esseulé, son meilleur ami avait eu pitié de lui et lui avait proposé sa fille en mariage. «Je te donne Alia en mariage, car je t'aime bien et j'ai confiance en toi. Je ne trouverai pas un mari plus loyal et honnête pour ma fille», m'a rapporté Hussein avec une fierté non dissimulée.

— Quel âge a cette gamine?

— Son âge n'a rien à voir. J'avais besoin d'une femme à mes côtés, c'est tout.

— Et tu crois que je n'avais pas besoin d'un homme? Mais, la différence entre toi et moi, c'est que je te suis restée fidèle, même quand tu m'as trompée, rappelle-toi. Jamais je n'ai pensé avoir un autre homme, alors même que je vis dans un pays libre où je pourrais facilement faire des rencontres. Je n'avais qu'un seul souhait, faire le nécessaire pour que tu viennes nous rejoindre ici. Je vois que tu avais d'autres idées en tête, entre autres celle d'épouser la gamine de ton meilleur ami. Il t'aime beaucoup, ton copain. Salue-le de ma part et de la part de tes enfants. Hussein, je sais que ta femme est enceinte et qu'elle te donnera d'autres enfants qui te feront oublier les nôtres.

À peine ces paroles acerbes proclamées haut et fort, je lui ai raccroché la ligne au nez.

Ils se marient quand cela leur chante et divorcent au même rythme, comme bon leur semble. Il n'y a rien à faire avec certains musulmans. Ils ne font qu'exercer les droits qu'ils se sont arrogés dans une fraternité sans failles. Voyez-vous cela: son ami a eu pitié de lui et lui a offert sa fille. N'est-ce pas admirable, la solidarité masculine?

J'aurais aimé savoir si ces bons hommes lui avaient demandé son avis, à cette enfant. Ou si, au contraire, elle n'était pas une autre victime non consentante, mais silencieuse, de cette société aux traditions très dures pour les femmes.

Un soir, alors que les enfants s'enquéraient une autre fois de leur père, je me suis décidée à ne plus rien leur cacher. J'ai tout avoué; peut-être que j'ai même dépassé la mesure. J'en avais « ras-le-cœur » et la vérité devait être révélée au grand jour.

Les petits étaient inconsolables; les jumeaux surtout me culpabilisaient sans remords. Ils protestaient en affirmant que j'étais la fautive et qu'il aurait fallu attendre leur papa avant de quitter l'Algérie. En somme, nous aurions dû venir tous ensemble, aux risques d'en mourir. Mais, absorbés dans leur pensée magique, ils ne pouvaient saisir l'imminence du danger qui nous menaçait alors.

Je leur ai expliqué que pareille situation survient dans les meilleures familles et que, hélas, de nombreux couples divorcent partout à travers le monde. De nos jours, quantité de familles vivent séparées et trouvent quand même la voie d'une bonne entente après le divorce, chose à laquelle je tenais plus que tout. Les enfants ne seraient pas privés de leur père, et je me suis engagée dès lors à ne rien négliger pour favoriser et maintenir des liens affectifs entre eux.

Il faut l'admettre, dans bien des cas, il revient à la mère d'insuffler une énergie positive quand le couple éclate. En quelque sorte, l'éternelle pacificatrice tient alors dans ses mains l'avenir des relations filiales et a la responsabilité d'empirer ou d'alléger les problèmes générés par le divorce. Cela incombe encore aux femmes comme tant d'autres tâches de médiation. Et fermer les portes, refuser de négocier n'arrange aucune situation, aussi détériorée soit-elle.

Parfois, il n'y a pas d'autre choix que d'accepter, de se résigner à l'inéluctable. La liberté est à ce prix; autrement on devient esclave de ses frustrations. Dans le cas précis du divorce, la tolérance a bien meilleur goût. Rien n'est simple, pourtant. Si le désir de vengeance satisfait ou du moins apaise l'esprit, il est rarement, sinon jamais, bon conseiller.

Il n'empêche que la réaction de mes trois garçons a réveillé mon sentiment de culpabilité, sans doute toujours latent et qui a rapidement augmenté. Je me suis reproché tant et plus d'avoir oublié Hussein en fuyant et de n'avoir pensé qu'à moi et aux enfants. Mais, pour le bien de la maisonnée, je devais arrêter de me torturer et me résigner à ce mauvais sort si difficile à admettre.

Je me répétais sans cesse qu'il était temps de penser à moi, sinon les années allaient inexorablement s'enfuir. Et un jour je me retrouverais seule, les enfants partis à leur tour rencontrer leur destin d'adulte. Cette idée me terrorisait.

Au terme de ce long voyage à la recherche d'un monde meilleur, j'étais à nouveau envahie, presque paralysée par la peur. Je croyais pourtant l'avoir chassée à tout jamais, cette empêcheuse de tourner en rond. Tous mes scénarios étaient réduits à néant. Il y avait tant de choses que je devais me prouver. Il était aussi impératif de me convaincre que je n'entretenais aucun regret du passé, ni aucun souhait de revenir en arrière. Était-ce un leurre que de vouloir bannir toute nostalgie de ma vie antérieure, fût-elle habitée par Hussein, l'amour de ma vie? Je me donnais du courage en me répétant que, des hommes, il s'en trouve partout, et de bien meilleurs que celui qui m'avait honteusement trahie.

À bout de souffle et profondément désolée, j'ai

quand même décidé de fermer cette longue parenthèse amoureuse et de sauter au chapitre suivant de ma vie. Mon deuil était d'ailleurs bien entamé. Depuis le début de ces longs mois de silence, quelque part dans une zone secrète je me doutais que Hussein ne m'appartenait déjà plus. Intuition ou résignation? Qui saurait dire?

Je crois que ma qualité première réside dans ma capacité à pardonner. Mon aînée, Norah, comprend mal et n'admet pas en fait que je sois si peu rancunière. Je lui ai expliqué que, placée devant la réalité, je suis comme tout un chacun et mon désir de vengeance ressemble à un puits sans fond. Ensuite, l'oubli et le pardon se présentent comme deux ponts que j'enjambe volontiers pour me diriger ailleurs. L'entretien de la haine, des ressentiments ou de la rancune n'engendre que frustration et désolation intérieure. Il empêche d'avancer vers quelque chose de plus constructif. Norah trouve étrange ma conception des choses.

Dieu lui-même pardonne aux pécheurs. Qui suis-je donc pour ne pas essayer d'absoudre celui par qui vient le mal? Absoudre permet aussi de dégager l'horizon nuageux et d'apercevoir l'éclaircie qui cherche à poindre et qui révélera le futur.

Adieu, Hussein, adieu, mon cher amour.

Idylle virtuelle

L'Internet est entré à la maison et Norah et Mélissa ont activé leur messagerie électronique. Patiente, Mélissa m'a convaincue des vertus du Web; elle m'a appris à naviguer dans le cyberespace et à accéder à mes courriels.

— Viens voir les messages que tu as reçus, maman, s'exclamait-elle avec des yeux rieurs et remplis de promesses. Il te faut trouver des amis qui vont t'écrire.

La messagerie étant bel et bien installée, il ne restait plus qu'à dénicher ces précieux amis. Sympathiser avec des voisines était assez simple. Mais avec des inconnus, peut-être des hommes, était-ce raisonnable? Était-ce le bon moment? Et, plus pertinent encore, est-ce que j'en éprouvais vraiment le besoin?

Après les traversées bouleversantes que j'avais effectuées dans le monde des hommes et qui m'avaient meurtrie, avec le récent épisode qu'Hussein m'avait fait vivre, le doute avait ravalé à son plus bas échelon le si fragile sentiment de confiance qui commençait à se déployer. Mais je n'en étais pas à une contradiction près. J'ai bien tenté de me convaincre de ne plus risquer de me brûler les ailes, le rêve, le désir, la force vitale, quel que soit le nom qu'on lui donne, en ont décidé autrement. Le combat entre la raison et la passion s'est vite avéré inégal. À la fin, la raison s'est inclinée, vous l'aurez deviné.

Un jour, en naviguant sur l'Internet, j'ai été attirée par un site de rencontre et, à ma manière impulsive, je m'y suis inscrite, après que Mélissa, la coquine, m'eut créé un profil fictif de membre. L'anonymat et le nom d'emprunt veillaient à ma sécurité sur cette nouvelle voie de communication entre les humains.

Une petite voix me rappelait quand même à l'ordre : *« Ne touche pas à ça, Samia. Il n'y a que les désespérés qui flirtent dans cet univers.* » La voix du bon sens s'est même faite insistante : *« Reste tranquille dans ton coin et ne ranime surtout pas la flamme endormie. En plus, tu ignores absolument tout de ce monde et de ses règles. »*

Un duel a fait rage dans mon for intérieur. À gauche du ring, la raison harcelante me questionnait sans cesse et cherchait à savoir pourquoi j'avais ce besoin de me projeter à l'assaut de nouveaux ennuis. À droite, la pulsion posait à répétition des questions séduisantes, telles que : *« Pourquoi n'aurais-tu pas droit au bonheur? Pourquoi ne pas écouter ton cœur? »* Ou encore elle m'endormait d'affirmations ensorcelantes : *« Tu es loin et personne ne le saura. Tu ne risques plus rien, à présent. Peut-être le plus adorable des hommes n'attend-il que toi. Malgré les aspérités de ta trajectoire amoureuse, tu as toujours rêvé d'un prince charmant, différent des hommes que tu as connus jusqu'à présent. Reconnais-le. »*

La tentation a été vive. De fil en aiguille, de mises en garde sévères en répliques romantiques, la voix rassurante, celle du cerveau droit, a gagné du terrain et, tête baissée, je me suis lancée dans cette aventure. Après tout, n'étais-je pas devenue une femme libre?

Timide de nature, en aucune façon je ne me laisserais draguer sur la rue. J'ignore les invitations tant elles m'effraient. Dans mon pays ou pas, avec ou sans mon père à mes trousses qui exerce une surveillance assidue, je ne réagis jamais aux hommes qui m'interpellent. Pas plus aujourd'hui qu'hier il ne me viendrait l'idée de soutenir le regard d'un homme. Je m'esquive et ce réflexe est gravé en lettres inamovibles dans toutes mes fibres.

L'Internet, c'est facile. On se cache derrière une identité imaginaire et, soudain, il s'offre à nous un espace infini d'essais et de découvertes, qu'on peut explorer en toute sécurité. Dans ma conception des choses, la Toile me proposait un accès idéal à la rêverie. Sans compter que mon nom d'emprunt me garantissait l'immunité.

Le soir même, des courriels entraient dans la messagerie enchantée. Sans avertir mes filles formellement, j'ai commencé à jouer seule à ce jeu dangereux.

Un homme a attiré mon attention. Il s'est fait insistant et, son ordinateur étant en panne, il s'est rendu dans un café Internet pour me transmettre son numéro de téléphone. J'ai trouvé ce geste attendrissant. Moi, Samia, j'intéressais un homme. Un étranger... J'ai très tôt appris qu'il était québécois, divorcé et père d'une fillette dont il partageait la garde avec son ex-épouse.

« Bon sang, Samia, que fais-tu? Un non-musulman, tu te rends compte? Tes parents auront désormais une bonne raison de t'égorger, s'ils viennent à l'apprendre. »

En gommant bien vite ce scénario diabolique, j'ai réduit la voix de la raison au silence.

« *Ne t'inquiète pas*, proclamait l'autre voix, rassurante. *Qui pourrait aller te dénoncer à eux, ces parents au comportement ignoble?* »

Néanmoins, je pouvais à ce moment même entendre les réflexions de désapprobation de plusieurs : « Mais qu'est-ce qu'elle est naïve! » Ou : « A-t-on jamais vu un tel aveuglement? » Ou encore : « Elle n'en a pas assez vécu avec les hommes, il lui en faut davantage? »

Oui, mon romantisme pouvait paraître naïf. N'avais-je pas été maltraitée par mes parents, le plus souvent ignorée par mes quatre frères, retirée de l'école dès la fin de mes études secondaires, mariée de force à l'âge de seize ans à un homme d'une extrême violence, séquestrée et affamée par mes propres parents parce que je voulais divorcer de ce mari odieux? N'avais-je pas dû m'évader des prisons familiale et conjugale? Mais, comme les autres, les gens normaux, je rêvais d'insouciance, de légèreté, de folie même. Encore aujourd'hui, je me dis parfois que ma candeur m'a sauvée. Elle m'a au moins mise à l'abri du flétrissement, de l'aigreur, ou pire, du cynisme.

Quoi qu'il en soit des reproches réels ou imaginaires, j'ai choisi de n'écouter que mon désir, qui me tenait des propos rassurants : « *Vis ta vie. S'il y en a une qui mérite d'être heureuse enfin, c'est bien toi, Samia.* »

Devenue sourde à l'autocritique et à tout le reste, j'ai donc décidé de me jeter à l'eau. Du même coup, j'ai fait taire la voix qui m'interdisait cet élan et j'ai détourné mes yeux de ceux de mon père. Cette fois, je tournerais le dos à sa dictature. Point.

L'homme charmant m'avait laissé son numéro de téléphone et, en soirée, je l'ai appelé. Il avait quarante-neuf ans et sa fille en avait treize. Il s'appelait Francis. J'ai pris un réel plaisir à discuter avec lui. Il me paraissait calme et doux. Je n'avais pas l'habitude de discuter ainsi avec des hommes, surtout des étrangers.

Nous avons égrené des heures fort agréables à bavarder au téléphone. Cependant, ma méfiance demeurait quasi intacte. Francis cherchait à me connaître et je n'arrêtais pas de lui mentir. Pour l'essentiel, je restais sur mes gardes et je m'en voulais de réagir ainsi, car lui me semblait sincère. Le souvenir de ma famille rappliquait et imposait encore sa loi. Et si elle m'envoyait un espion pour me tester? Elle était capable de tout, je le savais fort bien.

Ce doute me mettait mal à l'aise et contrariait mon plaisir. J'ai mis des jours et des jours à faire confiance à cet homme que j'avais au bout du fil et à lui révéler quelques bribes de cette sordide vérité.

Peu de temps après, il m'a avoué qu'il me trouvait bizarre. Et les questions que je lui posais lui semblaient encore plus étonnantes. Elles étaient dignes du KGB, me disait-il en plaisantant.

Un soir, nous avons pris la décision de nous rencontrer. J'ai prévenu mes filles et elles m'ont encouragée.

— Fais-le, maman, m'a dit Norah. Il est temps que tu retrouves confiance en la vie.
— C'est un Québécois, Norah. Ce n'est pas rien.
— Et alors, maman? On est loin et tu es libre, à présent. Tu ne crois pas que tu devrais oublier les

règles du passé? Arrête d'avoir peur, s'il te plaît. Tu as toujours rêvé d'être comme les autres femmes et d'avoir ta part de bonheur, non? Alors, saisis cette occasion. Le temps n'attend pas.

Les paroles de ma fille n'ont fait que me conforter dans ma décision.

« *Allez, Samia, appelle-le. Et advienne que pourra.* »

Sitôt dit, sitôt fait.

— Allô, Francis.
— Bonsoir, Samia. C'est le grand jour?
— Oui, je crois qu'il est arrivé. J'aimerais te voir ce soir, si possible?
— Bien sûr que c'est possible.

Il ajouta en riant :

— De toute façon, je m'arrangerai pour que ce le soit.

Je lui ai donné rendez-vous loin de la maison d'hébergement pour femmes victimes de violence où j'occupais un appartement depuis quelques mois. Il était interdit, et on le comprend aisément, de révéler son adresse aux hommes en raison du danger que courent les femmes qui y sont accueillies.

Pour l'occasion, j'ai choisi des vêtements séduisants et je me suis faite belle comme je ne l'avais jamais été. Francis est venu m'attendre à l'endroit que je lui avais indiqué. Il avait pris sa voiture sport que j'ai reconnue de loin, car il m'en avait envoyé une photo par l'Internet.

Mes jambes tremblaient et j'ai ramassé chaque parcelle de courage disponible pour me diriger vers lui. Je l'ai vu quitter la voiture et venir à ma rencontre.

Seigneur, quelle allure! L'internaute n'avait rien d'idyllique. Il portait un manteau de cow-boy qui lui tombait sur les chevilles et sa longue chevelure était retenue par un élastique. Il ne manquait plus que cela : un marginal d'un goût douteux. Si ma famille avait vu cette scène improbable, ma vie n'aurait guère valu plus qu'une poignée de pierres destinées à la lapidation. Celle de mon nouvel ami aussi, d'ailleurs.

Très courtois, galant même, il a ouvert la portière et l'a refermée après que je me fus installée.

— Tu es très jolie! Je suis ravi. Et moi, je suis à ton goût, j'espère? s'est-il inquiété.
— Oui, à mon goût, ai-je répondu malgré moi.

Comment lui expliquer ma surprise? Son style l'apparentait à un homme déguisé pour l'halloween. J'estimais qu'il était inutile de le blesser et il me fallait bien reconnaître qu'il s'était vraiment mis sur son trente-six.

Pendant qu'il était occupé à conduire, je l'observais du coin de l'œil en tentant de lui trouver du charme. La queue-de-cheval en moins, il aurait certes paru plus viril. Peut-être qu'un jour, euh... quand je le connaîtrais mieux, enfin... si on devait avoir l'occasion de continuer ensemble, qui sait, j'aurais le courage de lui demander de couper cette queue. Euh! Ce serait un très bon début. Ensuite, avec un doigté tout diplomatique, j'arriverais peut-être à lui suggérer de ne plus mettre ce manteau ridicule, trop féminin. Bref, avec un air plus masculin, je suis sûre qu'il aurait eu fière allure.

« Voyons, Samia, tu t'égares. Tes divagations sont ridicules. »

Ce soir-là, en dépit des défauts que je lui ai trouvés, j'ai passé un merveilleux moment en sa compagnie. Nous nous sommes d'abord rendus dans un pub irlandais. Dans un pub, vous rendez-vous compte? En considérant les principes rigides qui m'ont été inculqués depuis le berceau, ce léger écart de conduite ressemblait à un sacrilège.

Où se cachait donc le regard autoritaire de mon père? J'ai préféré ignorer cette manifestation de ma conscience. J'ai choisi de m'amuser et, pour une rare fois, de me sentir insouciante en oubliant ces foutues règles qui ont marqué mon existence entière et qui continuent de me hanter.

Propriétaire d'un laboratoire dentaire, Francis affichait aussi un profond sentiment de confiance en la vie. Comme ceux et celles qui ont connu une enfance paisible et dépourvue de problèmes majeurs, il semblait avancer vers un avenir prometteur. Les soucis ne trouvaient pas chez lui une terre fertile. En définitive, rien de commun avec mon propre itinéraire. Nous étions à des années-lumière l'un de l'autre, je devais me l'avouer.

Que pouvais-je partager avec lui? Que j'avais fui mon pays comme si j'étais une criminelle? Que mon compte serait bon et le sien aussi si ma famille me mettait le grappin dessus? L'enchevêtrement de péripéties et les innombrables rebondissements qui constituaient mon destin n'étaient pas faciles à concevoir et à assimiler pour quelqu'un né si loin de cette adversité, j'en conviens. Moi-même, j'avais peine à m'y situer.

Pendant la soirée, il a cherché à en savoir davantage à mon sujet. De temps à autre je lui murmurais quelques confidences. À petites doses, histoire de ne pas le faire paniquer.

*

Les jours passèrent. La confiance s'installa entre nous deux et je lui racontai des bribes de mon histoire. Il ne lui a pas été facile d'entendre le récit de ces fragments d'horreur. S'il a eu du mal à tout saisir parfaitement, il a accusé le coup sans prendre ses jambes à son cou. Son attitude s'est dès lors ajoutée à la liste de ses qualités. Et, détail non négligeable, il s'est révélé très séduisant une fois le manteau et la queue-de-cheval disparus.

En revanche, il insistait souvent sur l'écart culturel qui séparait nos systèmes de valeurs respectifs. Quelquefois, il était frappé par une véritable onde de choc. Mais il se disait confiant et manifestait le désir de poursuivre notre relation.

À sa manière un peu rude, Francis était attentionné. Ce n'était pas l'homme parfait, loin de là, mais je l'aimais. Et ce sentiment me suffisait. Mais avec le temps il a révélé certains aspects de sa personnalité que j'avais jusque-là préféré ignorer.

Six mois après notre rencontre, alors que nous étions éperdument amoureux l'un de l'autre et qu'il affirmait ne pas pouvoir envisager l'avenir sans moi, j'ai voulu savoir si un toit commun s'édifiait dans un prochain horizon. N'est-ce pas le souhait de toute femme amoureuse de partager un jour ou l'autre un même lieu avec l'homme qu'elle aime? Je ne demandais pas la lune. J'étais amoureuse et je voulais mon amoureux près de moi et, si possible, pour toujours.

Sa réponse n'a pas tardé. Il me tenait enlacée quand il m'a avoué ne pas pouvoir assumer une pareille responsabilité, trop lourde à ses yeux. En un mot comme en mille, il ne se sentait pas capable de partager mes charges et responsabilités familiales.

La dure réalité m'est tombée sur la tête comme un coup de matraque. Je n'étais qu'une pauvre femme au passé indigeste et obscur, un passé qui allait la poursuivre jusqu'à sa mort, ne lui ménageant aucun répit. Un passé surtout qui allait l'empêcher d'être pleinement heureuse.

« *Tes enfants, Samia, sont ton bonheur et ils seront à jamais avec toi. Personne ne peut partager cette responsabilité. Il faut te faire une raison.* »

Sans m'en rendre tout à fait compte, j'étais devenue trop exigeante. L'idée qu'un homme doit prendre en charge la famille de la femme qu'il aime avait grandi avec moi, et j'en voulais à Francis de refuser cet engagement. J'avais perdu de vue que cette famille n'était pas la sienne.

Le jour de cet aveu, j'ai failli rompre avec lui, mais mon instinct s'y est opposé. Le plus petit moment de bonheur reste encore du bonheur et je voulais en savourer chaque parcelle. En plus, j'étais profondément amoureuse de cet homme.

« *Prends chaque morceau de nourriture terrestre que la vie t'offre, sans verser dans la gourmandise.* »

J'ai continué à vivre ce que je croyais devoir vivre avec Francis. Sa semaine se déroulait tranquille et loin de moi et nous nous retrouvions le week-end venu. Ma nature s'accordait mal à l'accommodement tacite mis en place par Francis. Ce maigre menu me suffisait-il? J'avais si faim.

Le temps a quand même étiolé ma patience. De surcroît, je restais insatisfaite. Rien ne bougeait. Ce que je percevais en outre avec plus d'acuité, c'est que Francis se servait les meilleures portions du repas amoureux. Il s'assurait de ne voir que le beau côté de la médaille et la moindre allusion à mes problèmes l'irritait.

En y réfléchissant, je constatais que j'interprétais un rôle de femme émancipée tandis que, dans ma tête, j'étais parfaitement coincée. En bref, je croyais encore à cette fumisterie que seul un homme pouvait m'indiquer la voie à suivre. Sans homme, il n'était point de salut. Jolie contradiction, car s'il était une chose qu'aucun homme ne m'avait offerte c'était bien le salut.

Cette prise de conscience a engendré chez moi un sentiment de panique. Ainsi, moi qui cherchais la liberté depuis l'âge de raison, une fois que je l'avais acquise à un prix incalculable, je ne trouvais pas mieux que d'aller à la rencontre d'un autre maître.

Ma dépendance de cet homme m'a placée en position de grande vulnérabilité. Peut-être même qu'il profitait de moi. Du moins, cette impression se dégageait de notre relation. Avec stupéfaction, j'ai vu petit à petit les manières de ce Québécois moderne se modifier et, sans plus de subtilités, faire place aux manières des hommes que j'avais connus auparavant. Il arrivait à la maison, s'y installait confortablement et se faisait servir. Voilà. Le prince charmant, le galant, l'amant devenait un compagnon bien ennuyeux.

Tant de paradoxes cohabitaient dans ma tête. Autant je me sentais heureuse par moments, autant je pouvais quelquefois me laisser envahir par un sentiment de dévalorisation. Je cherchais aussi de bonnes raisons de rompre. Par exemple, je calculais que si ma famille me retrouvait, mes peurs se multiplieraient par deux.

Peu à peu, je me faisais à l'idée que personne ne se substituerait au père auprès de mes enfants. Mon bagage était écrasant et je n'y pouvais rien. Ce fardeau ne convenait pas à l'homme que j'aimais.

En bout de piste, je me suis rendue à l'évidence et la raison a repris sa place. Le temps a filé. Ayant bien soupesé les bonnes et les mauvaises facettes de notre relation, j'ai abandonné mes chimères et mis fin à ce rêve impossible. Ou est-ce lui qui m'a laissée tomber? En vérité, je ne sais plus.

Quoi qu'il en soit, il n'a pas été facile de négocier ce virage amoureux et, même aujourd'hui, il m'arrive de penser aux bons moments que nous avons passés ensemble. Francis m'a appris ce que signifie être aimée et respectée par un homme et ce que la vie de couple a d'agréable, malgré certaines aspérités. De cela je lui suis encore reconnaissante.

Mais, au total, je crois que la décision que j'ai prise a été la bonne. Si on est mal accompagnée, c'est bien connu, on finit par en payer le prix et on ne peut éviter les souffrances qui en découlent. Seule cette réflexion est parvenue à me consoler.

Les garçons ont mal accepté la rupture, car ils aimaient beaucoup Francis et, après presque trois ans de fréquentations assidues, ils s'étaient habitués à voir un homme à la maison les fins de semaine. Quant à moi, je m'étais vraiment attachée à sa fille. Au début, mes enfants ont pleuré à chaudes larmes, mais ils ont fini comme leur maman par se résigner en laissant place aux autres bonnes et mauvaises surprises de l'existence.

J'ai appris avec le temps à me plier aux caprices du destin. C'est lui qui décide, comme c'est lui qui donne et qui reprend.

Les hommes de ma vie

Le temps nuageux qui s'était installé sur ce passage amoureux et la rupture qui avait suivi se sont révélés propices à une réflexion sur les hommes qui ont traversé ma vie.

*

Le premier fut ce mari imposé par mes parents alors que je n'avais que seize ans, un monstre qui me plongea dans un cauchemar dépassant en horreur tout ce que j'avais pu imaginer. Cet être infâme, qui m'a détruite dès la première nuit de noces, m'a aussi dépossédée de ma dignité. Plus tard et à mon insu, il a, le chien, piétiné l'enfance de sa propre fille et profané durant des années la chair de ma chair. De ma petite Norah. Si je l'avais su, ma vengeance aurait été sans merci.

Ce que je vais affirmer est lourd de conséquences, mais je l'aurais tué, j'en suis sûre. Tout compte fait, il est heureux que je ne l'aie pas appris à ce moment : dans le meilleur des cas, je croupirais dans une prison en Algérie et mes deux filles seraient peut-être mariées avec des hommes qu'elles n'auraient pas choisis. Et, qui sait, derrière chacun de ces hommes se profilerait peut-être un être démoniaque comme leur père. Pour une fois, est-ce que d'une certaine manière le destin nous aurait protégées?

Pendant les années d'éternité que j'ai connues auprès de cet être dépourvu d'humanité, je ne le vis jamais éprouver de regrets ou de remords. Je ne le vis pleurer que deux fois, à la mort de son père et lors de la condamnation puis de l'exécution des premiers terroristes, parmi lesquels se trouvaient certains de ses cousins et neveux.

Mon plus grand désarroi demeure la pensée que cet homme continue d'exercer sa violence perverse en toute impunité, quelque part dans le sud de l'Algérie. Je l'ai côtoyé durant plus de quinze ans; mon jugement à son endroit est sans appel : le pervers est doublé d'un lâche.

*

Dans ma galerie intime de portraits masculins vient ensuite Hussein, le père de mes trois garçons.

Au début, je vivais l'amour fou. Quoi d'étonnant quand ma seule référence était un démon! Hussein, l'homme que je croyais aimer assez profondément pour terminer ma vie avec lui, m'avait trompée avec la première venue, prétendant qu'il n'avait pas succombé à la tentation puisque cette femme avait été son premier amour. Je lui avais déjà pardonné avant de m'échapper de l'Algérie avec nos trois garçons. Aussitôt après mon départ, Hussein avait épousé la fille de son meilleur ami et avait ainsi fermé la boucle de ses trahisons.

À regarder de ce côté-ci de ma vie, je constate combien, dans notre relation de couple, il n'y avait pas de projets, d'échanges intimes, de complicité ni de surprises. Mais pas de violence non plus. Hussein n'avait pas de mots et il n'exprimait donc rien. Quand je tempêtais, il n'intervenait pas, mais il sortait et ne rentrait qu'une fois le calme revenu. Qu'ajouter de plus, si ce n'est qu'il était indigne de mon amour?

Hussein demeure néanmoins mon seul lien masculin actuel avec l'Algérie, et surtout le père de mes trois garçons.

*

Quant à Francis, le Québécois bien de son temps et en apparence affranchi de certains travers masculins, je le voyais comme mon dernier amour et il a sans conteste enrichi ma vie. J'étais épatée de me retrouver, moi, Samia Shariff, avec un homme d'ici émancipé, pour qui les femmes ne sont pas des paillassons, mais des égales. Du moins, en théorie. Francis, ça faisait ouah! dans ma tête. Avec lui, je m'étais sentie renaître et ma confiance avait trouvé un endroit où s'épanouir. Mes trop nombreuses responsabilités se sont peu à peu opposées à l'union de nos deux familles et ont pris le dessus, pour finalement avoir raison de notre entente. Sous ce fardeau colossal, nous avons fini par nous lasser l'un de l'autre.

Dommage. Je le regrette encore.

*

Dans la courte liste des hommes qui ont marqué mon destin, j'allais oublier la figure centrale, celle du père, celle qu'une femme cherche à retrouver et à reproduire. Ce géniteur, qui non seulement ne m'aimait pas, mais qui ne m'adressait même pas la parole, m'a infligé des punitions corporelles avec un plaisir inavoué et pourtant bien perceptible. Il s'est débarrassé de moi à l'adolescence en me jetant dans les bras d'un homme cruel. Ce géniteur m'avait enfermée et affamée pendant des semaines avec mes deux filles seulement parce que je voulais nous soustraire aux griffes de l'être ignoble qu'était mon mari. Ce père dénaturé avait mis en place les fondements sur lesquels allaient se construire mes relations futures avec les autres hommes. Pas étonnant que celles-ci se soient érigées tout de travers.

Une phrase, une seule, que je n'ai pu jusqu'ici rapporter tant elle est chargée de souffrance pour moi, était commune à plusieurs de ces hommes, et à ma mère aussi : « Tes larmes ne sont que des larmes de crocodile. » Mon père me la répétait quand il me corrigeait, mon infâme mari quand il me violait. « Ce sont de fausses larmes, disaient-ils, et tu ne souffres pas. » Ils m'obligeaient à souffrir en silence et à ne jamais montrer mes larmes, qui étaient fausses de toute façon.

Que pensaient-ils vraiment ? Que je n'étais pas faite de chair et de sang, comme eux, que j'étais sans cœur et sans âme ? Que je n'étais pas un être vivant, identique à eux ?

Trop de femmes qui souffrent n'ont que leurs larmes pour le montrer. Il est aberrant de devoir le dire, mais il faut que le monde sache que nos larmes sont vraies et qu'elles témoignent de la douleur qui nous déchire le cœur.

Ce père représentatif des figures paternelles courantes en Algérie a révélé un aspect de sa personnalité qui m'a profondément troublée lors de l'unique entretien que j'ai eu avec lui depuis ma fuite du pays.

À l'hiver 2009, ma petite sœur Amal m'ayant informée qu'il se faisait traiter dans un hôpital parisien, je l'ai appelé.

Vieux et gravement malade, il a pour la première fois baissé la garde. En fait, ses émotions ont explosé. Il avait le même ton de voix que jadis, mais vidé de son autorité et plein de regrets. Il répétait sans arrêt : « C'est le *mektoub*. C'est le *mektoub*. » Je savais ce qu'il voulait me dire : il avait endossé comme le voulait la tradition ce rôle de l'homme responsable de la famille, du roi et maître de la maison et de ses occupants. Le *mektoub*, c'est le destin. En d'autres termes, la société attendait, imposait quasiment cette sévérité de sa part.

Il m'a dit : « Ne pleure pas, ma fille. C'est moi qui aurais dû pleurer, depuis longtemps déjà. Je voudrais que tu ne m'en veuilles pas et que tu me pardonnes pour tout ce qui s'est passé. La seule chose que je te demande, c'est de prendre soin de toi et de tes enfants. » J'ai éprouvé de la pitié et j'ai constaté que ma rancune à son endroit avait disparu.

Par la suite, j'ai appris qu'il aurait confié à ma mère : « Si je meurs, j'ai peur pour mes filles. » Ma mère lui en aurait beaucoup voulu de cet aveu, elle qui, au contraire de mon père, n'est pas représentative des mères algériennes, en général aimantes et bienveillantes.

C'est presque ironique de devoir l'admettre, mais, après toutes mes luttes contre les règlements de ma famille, je n'ai qu'un seul véritable souhait : que mon père me prenne dans ses bras, ne serait-ce qu'une fois dans ma vie.

*

Ce survol de mes rapports avec les hommes me conduit à conclure qu'être heureuse, sans nuages aucun, ne semble guère possible quand l'édifice a été érigé sur des bases aussi friables. Il y a toujours une pierre d'achoppement ou un petit détail qui vient obscurcir le ciel et qui modifie le scénario initial élaboré avec espoir.

Un beau soubresaut du destin

Au terme de cet épisode sentimental à saveur québécoise et suite à cette introspection, j'ai enfin trouvé du travail à l'aéroport international de Montréal dans une boutique de produits de beauté, où la direction m'a confié la tâche de conseillère. Quelle ironie du sort! On allait me payer pour guider les femmes sur des sentiers qui m'avaient été interdits de fréquentation des années durant. Il est quand même étrange de se retrouver si éloignée des lieux connus, pour ne pas dire des lieux communs.

Si se maquiller était mal, comme mon éducation me l'avait inculqué, je me transformais en conseillère du mal. Un autre virage à 180 degrés. Qui aurait pu prévoir semblable volte-face? Certainement pas moi. Je souriais en imaginant le clan familial en train de m'examiner dans ces fonctions au service de la beauté. Aussi bien dire au service du diable.

J'avais eu du mal à dénicher cet emploi, sans diplôme ni expérience et, obstacle majeur, sans parler un mot d'anglais. Dans le feu de l'action, j'ai trouvé très essoufflant d'enfiler au quotidien les chaussures d'une femme émancipée. Chaque fois que je sollicitais un travail, je sentais tout de suite le regard appuyé des hommes qui, sans nul doute, me trouvaient un air exotique. De leur côté, les femmes affichaient leur mépris de la différence.

Je ne puis le cacher, il m'a été difficile de me tailler une place au soleil et d'être appréciée dans un univers qui, à bien des égards, demeurait pour moi encore inexploré. Les Québécois, les Québécoises davantage, peut-être, sont très méfiants devant la nouveauté. Mais, une fois la confiance acquise, il n'y a pas plus adorables personnes à côtoyer.

Trois mois seulement après mon embauche, la boutique a fermé ses portes. J'ai été fort peinée, puisque les chaussures de femme battante me convenaient de mieux en mieux. Elles m'offraient un confort matériel supplémentaire et, avantage non négligeable, elles me donnaient confiance en moi. Mais un autre revirement se profilait déjà.

*

Quand nous étions prisonnières, retenues de force dans le garde-manger familial, et que pour remonter le moral de mes filles je leur promettais la liberté, au fond, je n'y croyais pas vraiment. Il me semblait irréaliste d'espérer quitter un jour ce pays et ce clan soudé pour fuir le plus loin possible. De façon paradoxale, je ne pouvais me résoudre à cesser d'y aspirer de toutes mes forces. Mes filles méritaient autre chose que ces tortures physiques et morales.

Avec elles, je rêvais en couleur et en haute définition. Je les berçais de propos utopiques :

— Un jour, on sera loin d'ici, et je vous promets qu'on vivra libres et heureuses toutes les trois. Plus personne ne lèvera la main sur vous ni ne vous dictera vos pensées. Plus personne ne vous humiliera.

Norah en concluait que l'isolement me rendait folle et, comme elle le disait, que je sautais les plombs. Elle m'implorait de retomber les pieds sur terre :

— Tu sais très bien qu'on pourrira ici et qu'on y laissera notre peau. Ne nous parle plus de ces idioties, mais parle-nous plutôt de ce qui se passera si tu ne te décides pas à revenir avec cet homme que je n'appellerai plus jamais papa.

Dans les rares moments où elle broyait du noir, Norah cherchait quelquefois à me décourager ou à me provoquer, mais je m'accrochais. Une force vitale contredisait la sombre réalité. Et je n'admettais pas que, si jeune, ma fille soit aussi pessimiste. Je lui répétais :

— Tu verras, Norah, tu verras. Un jour, on sera loin et j'écrirai notre histoire dans laquelle je dénoncerai toutes les horreurs qu'on nous a fait subir.

*

Quelques années après notre arrivée au Québec, je devais réaliser ma promesse. Pour mes filles d'abord, mais aussi pour toutes les femmes qui souffrent à travers le monde, je me suis mise à la tâche.

Le Voile de la peur a paru et, à ma propre stupéfaction, il s'est inscrit en bonne position dans les grands palmarès du livre. Celle qui n'a pas eu le droit de faire de hautes études comme tant d'autres femmes de nos jours, celle dont personne ne se souciait, celle qui avait été reniée par ses proches intéressait les médias, qui la sollicitaient. Cette femme faisait même la une des journaux et on l'écoutait partout au

Québec. Mieux, à travers le monde. Différentes nationalités voulaient voir et entendre cette femme.

Le Voile de la peur a été traduit en huit langues. La Russie et l'Ukraine en particulier lui ont fait un accueil sans égal. La France et l'Espagne aussi. Même les cultures néerlandaise, tchèque, italienne, allemande et portugaise se sont reconnues dans ce récit. Les éditeurs anglophones, pour leur part, continuent à faire la sourde oreille. Il va sans dire que mon univers s'est trouvé totalement transformé. Je naissais à nouveau.

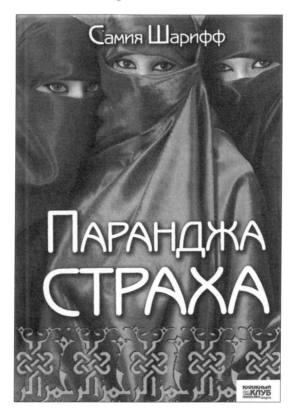

J'ai peine à croire que des femmes et des hommes habitant les territoires de la grande Russie et des vastes plaines de l'Ukraine aient partagé, en très grand nombre, la lecture de mon histoire.

70

Les lendemains de la parution du *Voile de la peur* m'ont emportée dans un tourbillon aux couleurs contrastées. Pour résumer ce paysage dans ses grandes lignes, on pourrait dire qu'il y avait ceux qui m'encourageaient, ceux qui me critiquaient et ceux qui me menaçaient. Les encouragements m'exhortaient à aller plus loin et à dénoncer, tandis que les menaces avivaient mes peurs et me poussaient dans mes derniers retranchements, le plus loin possible de ceux qui m'avaient persécutée.

Les réactions variaient entre l'approbation sympathique à la haine implacable. Ainsi, lors du Salon du livre de Montréal, en 2006, quatre gaillards algériens sont arrivés près du stand et je n'ai pu retenir un frisson d'inquiétude. Ils se sont approchés, car ils tenaient à me dire bravo de vive voix et à saluer mon courage. Le plus grand et le plus robuste m'a dit :

— J'ai lu ton récit plusieurs fois et à chaque fois j'ai pleuré. Je veux te serrer dans mes bras.

Et il a ajouté :

— Brise les chaînes, ma sœur.

Quant à elles, deux femmes voilées sont venues me signifier, au même salon l'année suivante, que je n'étais qu'une « sale fille du péché ».

Autre sujet de tourment dans l'effervescence de la publication, c'est que mon nom, associé à de la haute trahison, a été nommé plusieurs fois dans les mosquées. Plus grave encore, des activistes islamistes connaissaient l'école fréquentée par mes enfants. Des courriels de menaces encadraient ce portrait peu rassurant.

Jusqu'où allaient-ils me poursuivre? Est-ce que j'aurais dû cacher la vérité et jouer la carte de l'indifférence pour acheter la paix et pouvoir respirer sans appréhension et sans peur?

Mais je me suis rappelé que les mensonges tant refoulés me sont un jour montés dans la gorge et qu'ils n'auraient pu être étouffés, sous peine de m'étouffer moi-même. Il n'y avait aucune autre issue: j'allais crever ou crier à tue-tête. Vous l'aurez compris, j'ai préféré crier... sous les voiles. Car c'est ainsi que, drapées dans des étoffes qui dissimulaient nos visages, mes filles et moi avons accueilli les médias.

Si une femme arabo-musulmane ose parler, de deux choses l'une: ou il s'agit d'une menteuse, ou c'est une traîtresse. Plusieurs ont affirmé injustement que le seul mobile de ma démarche était l'appât du gain. Pourtant, ces détracteurs auraient dû savoir qu'aucun auteur n'est devenu riche en écrivant, à moins de vendre des millions d'exemplaires de son œuvre. D'autres ont allégué que mon unique but était l'obtention de ma citoyenneté. À ceux-là, je réponds que j'étais déjà citoyenne canadienne quand j'ai décidé d'écrire pour dénoncer. En fait, si j'avais opté pour le silence, la seule personne qui aurait pu être trahie dans cette saga, c'était moi.

Je l'ai enfin rompu, ce silence, en refusant de taire l'injustice plus longtemps et en souhaitant ardemment que cette prise de parole soulage la gangrène qui ne cesse de ronger ma vie et, du même coup, qu'elle offre une preuve additionnelle de l'enfer auquel sont condamnées des millions de femmes aux quatre coins de la planète.

Mes trois garçons ont affiché leur fierté; ils ont

clamé haut et fort que c'est leur maman qui a écrit *Le Voile de la peur*. Ils m'ont avoué que quelquefois il était difficile d'entendre les insultes proférées par de jeunes garçons de la communauté arabe, mais ils ont continué à défendre les idées de leur maman et à tenir tête à ses détracteurs. Ils m'ont répété :

— Maman, on s'en fout. Il y en a beaucoup qui t'aiment, qui t'encouragent et qui adorent ton livre.

Les gens n'ont guère l'habitude de voir des femmes musulmanes écrire et dénoncer. Moi, j'en ai marre qu'on se taise et je parle parce que je me dois de le faire. Sinon, qui le fera?

Plusieurs ont admiré mon courage. Je suis désolée de leur apprendre que je n'ai pas de courage et n'en ai jamais eu. Par contre, je suis devenue terriblement téméraire, un vrai kamikaze qui ne mesure plus le danger. L'humiliation n'a pas tout détruit; elle m'a appris à foncer droit devant, quels que soient parfois les périls et le prix à payer.

J'ai reçu des critiques et des menaces qui auraient fait trembler n'importe quel homme. J'ai essuyé toutes les insultes et je ne manque certes pas d'ennemis. Mais je ne me suis pourtant pas habituée à tout ça, car la peur a la peau coriace et elle continue de me tenailler. On a beau tenter de la tenir à distance et de la mater, il semble parfois illusoire de pouvoir lui échapper pour de bon. Au mieux, il est possible de parvenir à l'apprivoiser, de temps en temps.

Au-delà de ces considérations, j'éprouve la satisfaction de me tenir debout et de continuer à dire ce que je pense.

À la suite de la publication de mon premier livre, j'ai eu à prononcer des dizaines de conférences au Québec et en Ontario.
Je suis photographiée ici avec la présidente d'une institution de Timmins (Ontario) qui œuvre contre la violence faite aux femmes.

Un quotidien si doux, si dur

Un an après la sortie de mon livre, j'ai vraiment commencé à apprécier ma vie de femme libre, sans me leurrer. Je pouvais circuler là où bon me semblait et, en oubliant presque ce passé maudit, j'accomplissais mes tâches de mère monoparentale. Seule, sans une épaule sur laquelle m'appuyer et me reposer, je devais m'occuper de mes enfants et subvenir à leurs besoins quotidiens.

Certains jours s'enfuyaient vite, tandis que d'autres étaient durs à vivre. En des moments bénis, je riais de bon cœur; puis, dans une poussée de découragement, je m'effondrais et pleurais à chaudes larmes. Si par un quelconque tour de magie ma famille avait pu me voir dans ces moments de faiblesse, elle se serait assurément réjouie de ce résultat fort ambigu.

Mais je n'avais pas dit mon dernier mot et je possédais une arme secrète, cette capacité de rebondir qui est l'essence de ma force. Malgré les revers du destin, je ne me laissais pas abattre. Tous mes moyens étaient mobilisés pour sortir de l'impasse. Avec l'aide de Dieu et aussi, pour être exacte, une dose massive de détermination, j'ai trouvé la porte de sortie et emprunté une nouvelle direction.

Auparavant, quand je vivais sous la pression,

soumise à ma famille, d'abord, puis aux ordres de mon tortionnaire de mari, j'étais à mille lieues de l'idée inconcevable qu'une femme pouvait réussir sans un homme. Même après que j'eus échappé à la servitude, ma dépendance avait été si bien ancrée en moi que, mue par ce réflexe parfaitement conditionné, je voulais revenir me nicher dans cette valeur refuge. Ainsi se dessine le futur de toute femme de la même origine que moi sous la tutelle d'un homme. Pourtant, le quotidien mettait à l'épreuve ce stéréotype et établissait, jour après jour, une solide preuve du contraire. Les faits témoignaient : je ne pouvais compter que sur moi, mais je m'en sortais, et même mieux à bien des égards que du temps où j'étais sous l'aile protectrice d'un homme.

De ma nouvelle fenêtre sur le monde, je voyais évoluer les femmes modernes et indépendantes, mais cette chorégraphie ne s'adressait qu'aux Occidentales, à ces femmes nées libres. J'avais toujours rêvé de joindre leur ballet, sans y croire vraiment. Parfois, il me semblait que je m'en approchais, mais le rêve s'évanouissait dès que j'amorçais mes premiers pas.

En parallèle de ces aspirations, ma réalité n'était pas exempte de satisfactions. Les tâches qui paraissent une corvée aux femmes occidentales, c'est-à-dire se lever le matin, s'occuper des enfants et se rendre au travail pour ensuite revenir les chercher à l'école, les ramener à la maison, superviser les devoirs, les bains et préparer les repas, étaient bien éreintantes, mais elles étaient aussi source d'inégalables moments de ravissement. Ces gestes simples, en dépit de leur humilité, étaient des expressions de la liberté retrouvée.

La vie était rude, quelquefois, mais avec l'aide de mes deux filles, celle de Norah surtout qui est un peu comme ma seconde moitié, j'apercevais le point lumineux au loin et, en suivant sa lueur, je finissais par y voir plus clair.

Mes filles que je chéris me comblaient de joie. Pour elles, j'avais commis l'impensable, ce qui plus d'une fois avait failli me coûter la vie. Quand je nous regarde toutes trois et que je mesure le chemin parcouru, je ressens de la fierté.

Loin des humiliations et des menaces perpétuelles, nous sommes libres comme des hirondelles. Nous volons à tire-d'aile dans ce ciel du Québec où la notion d'égalité entre les femmes et les hommes est un principe fondateur, très largement partagé.

Ma petite Mélissa poursuivait des études en sciences humaines au cégep tout en contribuant au budget familial par son travail au dépanneur du quartier après l'école. Ma grande Norah, si soucieuse de notre bien-être, portait une pesante responsabilité sur ses frêles épaules et avait accepté, dès notre arrivée au pays, le premier travail qui s'était présenté, un emploi subalterne dans un cégep montréalais. Depuis lors, elle n'avait cessé de travailler.

Si d'aventure ses jeunes frères manquaient de quelque chose, la culpabilité consumait Norah. De la voir si déterminée me rendait à la fois heureuse et malheureuse. Au service de jeunes filles et de jeunes hommes en vogue et à l'avenir prometteur, elle s'éreintait à leur vendre des sandwiches et des boissons du matin au soir. En rentrant à la maison, elle me racontait le sourire aux lèvres les menus incidents survenus autour d'elle à la cafétéria.

Mais je savais qu'au fond de son cœur elle était triste et désirait être comme eux. Poursuivre des études, comme on se l'était promis en arrivant ici, et devenir une jeune fille indépendante et cultivée. Chaque soir, j'avais mal pour elle en écoutant d'une oreille distraite ses petites histoires sur les autres filles. Après tout, pourquoi avais-je réussi à secouer le joug sous lequel je vivais depuis mon enfance et entrepris ce long périple? Pour mes enfants, non? Alors, pourquoi cette chère petite Norah n'était-elle pas comme les autres jeunes? Pourquoi devait-elle, à son âge, travailler pour nourrir la famille? Pourquoi prenait-elle cette charge à ma place?

« Secoue-toi, Samia. Malgré ce que tu peux sentir, il est temps de laisser respirer tes filles. »

Un autre passage étroit et délicat devait être franchi et, après mûre réflexion, j'ai rompu délibérément avec ce vieux réflexe de toujours compter sur quelqu'un, y compris mes filles, comme on me l'avait si efficacement enseigné. L'indépendance est assortie de nombreux devoirs et, même sans diplôme, j'ai foncé en dépit de la peur de l'inattendu et de l'inconnu. Autant j'aimais cette nouvelle vie, autant je m'interrogeais sur ce qu'il me fallait faire pour prendre pour de bon son rythme et faire partie intégrante de notre société d'accueil.

C'est à ce moment que, avec l'aide de ma meilleure amie Nadia, une femme d'une quarantaine d'années d'origine marocaine, j'ai enfin décroché ce travail à l'aéroport international de Montréal. Nadia était ma voisine de palier. On se comprenait toutes les deux, on s'entraidait et on se soutenait, car notre situation se ressemblait à bien des égards. Divorcée, Nadia élevait seule ses deux enfants. Un parfait terrain d'entente.

Lorsqu'elle devait s'absenter, je m'occupais de ses enfants et elle me rendait volontiers la pareille. Si le moral flanchait, et cela arrivait quelquefois, j'allais pleurer chez elle, loin du regard de mes enfants, surtout celui de mes grandes filles. Nadia m'offrait son épaule réconfortante et généreuse où je déversais mon trop-plein émotif; je faisais de même pour elle. Dure, la vie d'une femme monoparentale, même émancipée. Il m'arrivait de me sentir épuisée ou impuissante devant certaines difficultés, mais je parvenais toujours à me ressaisir et à trouver une solution.

Je sais d'expérience qu'une fois la décision prise de regarder bien en face les problèmes plutôt que de les négliger, on est prête à affronter les mauvaises surprises.

En fuyant l'Algérie, puis la France, après y avoir tout abandonné, je n'ignorais pas que la route serait semée de pièges et que les difficultés ne manqueraient pas. Mais cette adversité est anodine en comparaison de celle que j'avais laissée sur les lointains continents africain et européen.

DEUXIÈME PARTIE

L'EXPLORATION

D'un avion à l'autre

À l'été 2006, j'ai envoyé mes trois petits garçons visiter leur père, Hussein, en Algérie. Même s'il persistait un peu de rancœur dans mes pensées, il n'était pas question de le priver de ses enfants qui ne l'avaient d'ailleurs pas vu depuis longtemps.

Hussein n'arrêtait pas de téléphoner et de demander des nouvelles des petits. Il affirmait que ses enfants lui manquaient et qu'il avait besoin de les voir. J'ai vérifié auprès d'eux ce qu'ils pensaient de cette idée d'aller en Algérie et les trois ont donné leur assentiment au projet. Si je n'éprouvais pas l'ombre d'un doute quant à l'intégrité d'Hussein et au soin qu'il prendrait des trois petits, il en allait bien autrement à l'égard de la situation politique qui sévissait là-bas, car le terrorisme y était très présent encore. Mais Hussein s'était fait rassurant; il m'avait expliqué que le climat s'était détendu et que l'endroit où il habitait avec sa famille était sécuritaire.

Non seulement j'ai travaillé très fort, mais j'ai aussi dû emprunter pour payer les billets d'avion. Hussein répétait qu'il avait le droit de voir ses enfants, mais qu'il n'avait pas d'argent.

— Tu sais très bien comment est la situation ici, se défendait-il. Toi, au Canada, tu peux te tirer d'affaire.

Il me faisait presque rire avec de tels propos. Comme si, au Canada, l'argent poussait dans les arbres et qu'il suffisait de tendre la main pour en récolter! Aucun de mes arguments en faveur d'une contribution de sa part n'y faisait.

— C'est toi qui habites le Canada, plaidait-il sans arrêt, et je m'ennuie des enfants. Quand ils grandiront, je leur expliquerai comment leur maman a fait pour me séparer d'eux.

Encore une fois, il m'affublait des traits de la mauvaise mère. Je me suis donc fait violence et je leur ai permis de retourner vers ce pays honni. Même si la crainte refusait de me quitter, je me suis résignée à lui donner satisfaction pour le mieux-être des petits. Je ne voulais pas que, une fois devenus grands, les garçons me reprochent de les avoir privés de leur père. Tout ce qui comptait pour moi, c'était que mes fils soient heureux. Au moment de la séparation, tout le monde pleurait à l'aéroport, surtout le petit Zacharie.

Et voilà qu'ils étaient partis pour l'été, laissant un vide immense dans notre logis et dans mon cœur. Leurs cris et leurs rires me manquaient déjà.

Après ce déchirant départ, la famille s'est tout de même résignée à la rupture de quelques semaines. Norah allait continuer de travailler et Mélissa, d'étudier au collège pendant la session d'été.

Soudain allégée de mes obligations familiales, j'ai alors désiré explorer mon propre champ de liberté. J'avais besoin de respirer seule, sans homme ni enfants. J'ai donc décidé de penser à moi et de partir pour l'Égypte.

J'ai toujours été attirée par l'Égypte et son mystère.
Je savais également que les célèbres pyramides constituaient la seule
des sept merveilles du monde antique à exister encore.
J'ai été surprise de voir qu'elles étaient visibles du Caire et faciles d'accès.

Mes filles et mes copines se sont étonnées : pourquoi l'Égypte ? Rien de plus simple, je rêvais de ce pays fascinant et de ses pyramides depuis l'enfance. Le Caire est aux arabo-musulmans ce que Paris est aux Québécois ou, plus généralement, aux Occidentaux. De plus, je voulais connaître la vie des femmes de là-bas. Et l'excitation que je ressentais à la perspective de voyager seule m'enivrait. Je voulais me retrouver dans un milieu arabe, mais cette fois avec des valeurs occidentales. En fait, je voulais défier mon destin. Comme une robe qu'on a choisie avec grand soin et qu'on porte pour la première fois, je voulais étrenner ma toute nouvelle liberté dans des conditions idéales. Au-delà de toutes ces considérations, il y avait une bonne dose de provocation. Dans ma tête, il y avait ce refrain répétitif: «*Ah! si ma famille savait que j'envisage de me rendre en Égypte, seule!*»

Partir sans connaître qui que ce soit au point d'arrivée, vers une destination inconnue, représentait une aventure inouïe. Je partais seule et la liberté prenait une allure d'aventure pour la première fois de ma vie. Comment exprimer ce sentiment d'être, d'être par soi-même, sans enfants et surtout sans hommes autour de moi, me commandant et me dictant quoi faire? «Ne t'habille pas de cette manière, ne te maquille pas, marche dans cette direction. Fais ceci, ne fais pas cela.»

Je pourrais circuler comme je le voulais, sortir le soir au Caire et faire la fête si tel était mon désir. Rien qu'à y penser, je trépignais et j'avais hâte de m'envoler vers ces horizons lointains et mystérieux.

Une page blanche se déployait devant moi.

*

Dans l'avion, j'occupais un siège côté hublot. Avant le décollage, je me suis mise à rêver que je me métamorphosais en libellule, légère et libre. Pas longtemps, hélas! J'avais à peine fermé les yeux et commencé à savourer ma chance que d'autres images se bousculaient déjà dans ma tête et s'y imposaient, sans que je puisse les freiner.

Comme dans un songe, un événement fatidique que mes parents avaient fomenté de longue haleine et à mon insu a fait barrage à la douceur du moment. Sournoisement, ils m'avaient envoyée en France, chez ma tante, pour y passer les vacances estivales, pendant que les autres membres de la famille se rendaient à notre maison au bord de la mer, en Espagne.

En fait, les manigances de mes parents avaient un but précis que j'ignorais : faire en sorte que je rencontre l'homme qu'ils m'avaient choisi pour mari. Je venais d'avoir quinze ans. Le bonheur de revoir mon pays natal, ma douce France, et ma chère amie d'enfance Amina, avait mis en sourdine mes craintes.

Le souvenir nostalgique du brave professeur de français à Alger, qui occupait le siège voisin du mien lors de ce retour en France, m'est revenu en mémoire. Ce vieil homme travaillait pour un organisme de coopération et vivait de façon douloureuse chaque séparation avec sa femme demeurée en France. Il était très amoureux et me parlait de cet amour de si belle façon qu'il ravissait mon âme d'adolescente peu habituée à voir des couples heureux. Ce professeur, qui me paraissait vieux seulement parce que j'étais jeune, était-il mort ou résidait-il dans une maison de retraite avec sa dulcinée ? J'avais par la suite associé cette histoire d'amour et ce voyage en France qui allait couler mon avenir dans une chape de plomb.

Les nombreuses fois que j'ai dû prendre l'avion avec mes filles, depuis Paris pour l'Algérie, pour aller rendre visite à mon fils Amir, ravi – c'est bien le mot qui convient – par ma propre mère, ont aussi défilé dans ma tête. Conjugués à tant d'autres, ces souvenirs me plongeaient contre ma volonté dans le passé.

Quelle naïve j'avais été ! Depuis quelque temps, j'entretenais l'illusion d'avoir réussi à exorciser ce passé dont aucun qualificatif ne saurait traduire la cruauté. Mais il était là, il me narguait avec son sourire mauvais et hurlait sa présence toujours aussi puissante et envahissante.

Des amies m'avaient laissé croire que l'écriture agirait comme une catharsis et me libérerait enfin de ce passé jonché de cauchemars. Il est certain que raconter, reconstituer, même rebâtir m'ont procuré un indéniable soulagement. Pourtant, les mots ne m'ont pas guérie ni n'ont effacé certains souvenirs. L'écriture n'a rien libéré du tout. Il est vrai que des angoisses se sont apaisées, mais elles n'en sont pas moins agissantes, surtout quand surviennent des passages difficiles. À cet égard, l'écriture n'a pas été la bonne thérapie.

Il y a encore des moments où j'en veux au monde entier. L'unique garantie d'oubli absolu serait de devenir amnésique. Ou de subir un lavage de cerveau ou, mieux encore, une lobotomie. Quoi qu'il en soit, il n'est pas sûr que je veuille vraiment oublier. Après tout, mauvaise ou pas, ma trajectoire aura été ce qu'elle est. Il me reste le présent et l'avenir à sillonner. Mon identité est intimement liée à ces souvenirs, et si je sais apprécier la qualité de mes conditions actuelles de vie, c'est précisément grâce au mauvais départ que j'ai connu.

Aujourd'hui, je me rends compte de la chance que j'ai eue de faire partie des rares femmes qui ont fui le malheur et, ce faisant, transformé leur destin. Je voudrais tant que cette chance soit donnée à d'autres femmes de ce monde qui ont vécu et qui vivent encore pareilles horreurs!

Il me faut sans doute reconnaître qu'il n'a pas été facile de saisir les opportunités. On me taxait volontiers de folie à l'époque où je faisais le projet de me libérer et je remercie Dieu de m'avoir aidée à être folle.

*

Alors que j'étais sur le point de m'envoler vers l'Égypte, un souvenir menait à l'autre. Je me remémorais les semaines de séquestration, dans un garde-manger noir et froid où nous tentions, mes filles et moi, de préserver notre santé mentale et physique, en dépit des sévices quotidiens. Dans ce garde-manger converti en geôle, nous courrions autour de la table basse pour nous dégourdir les jambes et ne pas devenir folles. Mes parents, les grands-parents de mes filles, m'infligeaient des tortures fréquentes pour m'arracher un consentement à retourner auprès de mon mari, qui m'avait d'ailleurs répudiée. Ils rivalisaient de brutalité pour me convaincre de reprendre ma place à genoux aux pieds de cet être vil, ce salaud immonde, cet humain détestable.

Je ne comprends toujours pas comment j'ai pu résister aux horreurs parentales et maritales qui refusent encore de se taire, comme cet épisode de séquestration. Ni comment j'ai pu supporter le regard désemparé que mes pauvres filles portaient sur la cruauté des êtres qui, dans ce cas-ci, se trouvaient leurs grands-parents.

C'est dans cette traversée même de l'enfer à trois, suivie d'une autre avec les trois petits, que Norah a puisé l'énergie de raconter à son tour sa propre version de notre histoire commune. Telle une partition de musique en contrepoint, *Les Secrets de Norah* a fait écho à mon récit, l'a complété parfois,

En septembre 2007, j'ai eu le plaisir de me rendre à Jonquière pour assister au soulignement du 30ᵉ anniversaire de ma maison d'édition et recevoir, par la même occasion, mon livre d'or offert par l'éditeur aux auteurs des ouvrages ayant dépassé les 100 000 exemplaires vendus.

J'ai profité de ce voyage au Saguenay pour accompagner ma fille Norah qui lançait son propre ouvrage *Les Secrets de Norah*.

mais surtout a révélé l'ampleur de la déchirure de son âme d'enfant bafouée qui souffrait plus encore que je ne l'avais appréhendé. En lisant son récit, j'ai appris en même temps que les lecteurs des secrets qu'elle avait été jusque-là incapable de partager.

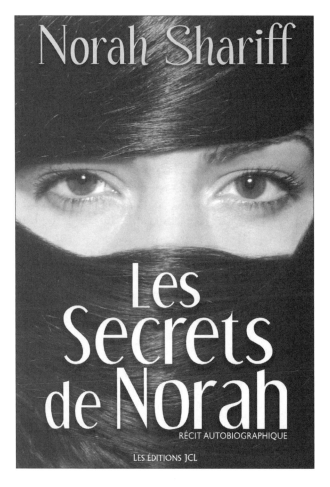

Témoin discret de mon aventure, Norah, elle aussi, avait des choses à dire. Des choses que je ne pouvais soupçonner tellement j'étais prise avec ma propre survie et celle de mes enfants. Elle aura été d'un soutien exemplaire et sera responsable en grande partie du succès de notre entreprise. En France, son livre a pris, entre autres, comme titre: *Dévoilée*.

En apprenant certains détails, mais surtout en lisant le passage sur les gestes incestueux de son père, ma souffrance s'est montrée intolérable. Mon cœur s'est arrêté de battre. Des questions sans réponses valables continuent de m'assaillir la nuit et me gardent éveillée. Comment ai-je pu ne rien entendre? Comment mon bébé a-t-il pu être ainsi blessé, alors que je me trouvais tout à côté? Comment m'est-il possible de continuer à vivre après les aveux de Norah?

Est-ce que j'étais sourde à ses cris silencieux parce qu'obnubilée par ma propre misère? Ou bien parce que j'étais trop absorbée à élaborer des scénarios de fuite, tandis qu'un drame se déroulait presque sous mes yeux?

Quand il suivait sa fille dans la salle de bains en prétextant qu'il allait lui laver le dos, je me disais: «Il est infâme avec moi, mais au moins il se comporte correctement avec ses filles.» J'étais soulagée qu'il ne s'en prenne pas à elles et ne les frappe pas. Seigneur, quelle crédulité!

Ma petite fille pleurait en silence tous les soirs dans les bras de ce père dénaturé. Peux-tu me pardonner, chère Norah, de n'avoir pas su voir ton malheur ni entendre tes cris étouffés, parce que je n'écoutais que les miens? Pardonne-moi, car je me croyais seule à souffrir sans me douter un seul instant que tu souffrais tout autant. Davantage, peut-être. Pardonne-moi, mon bébé, de ne pas avoir surveillé ta chambre chaque nuit, comme tu le faisais de la mienne pour intervenir à chacun de mes cris. Pardonne-moi, ma puce, de ne pas avoir su te protéger et te venger de cet être abject.

Comment un être humain peut-il être aussi inhumain? L'est-il dans sa nature même, ou le devient-il? Comment un père chargé de protéger son enfant du mal peut-il incarner ce mal? Jamais, jamais je ne le comprendrai.

Quant à mes propres parents, est-ce que je pourrai leur pardonner? Malgré tout le mal qui m'est venu d'eux, je ne les ai jamais vraiment détestés. À l'époque où je vivais sous la férule de mon mari, il n'y avait aucune place pour eux, puisque tout l'espace était occupé par le désir de sortir de l'enfer et de soustraire mes enfants à son influence néfaste. Seul importait ce but. Mes enfants d'abord, moi ensuite, et le reste, on verrait bien.

Quel chemin parcouru! Une éternité séparait cette prison familiale improvisée où j'avais été enfermée et notre envolée à tous vers le pays de mes rêves. Personne ne me surveillait et, malgré la présence de certains démons intimes, je n'arrêtais pas de me réjouir d'une telle merveille.

L'importun voyageur

L'avion était toujours au quai d'embarquement; les passagers affluaient et s'installaient le plus confortablement possible, compte tenu de l'espace restreint accordé à chacun.

Le voyage serait long et je disposais de tout ce temps pour rêver et amadouer les démons familiers. L'avion allait faire escale à Paris, à cet aéroport où s'était joué le sort de mes enfants, dans une atmosphère digne du plus frénétique des suspenses. Les souvenirs se disputaient la place dans mon esprit et mon visage avait dû changer de couleur, car l'homme d'une quarantaine d'années, assis à mes côtés et qui se rendait aussi en Égypte, s'en est inquiété.

— Est-ce que ça va, madame?
— Très bien. Merci.

Détournant le regard vers le hublot, j'ai essayé de me remettre de mes émotions.

« Voyons, ressaisis-toi. Tu voyages, Samia, et c'est par choix. À côté de toi, il y a un homme charmant. Sois courtoise et réponds-lui comme il se doit. »

Mais comment oublier ce jour d'octobre 2001, alors que je traversais l'aéroport Charles-de-Gaulle, à Paris, le ventre lacéré par la peur d'échouer? L'avenir de mes enfants dépendait d'une seule personne, inconnue et étrangère à notre histoire, qui découvrirait ou non nos faux papiers. Notre délivrance, notre sortie de l'enfer, tenait à un fil. Allait-il se rompre?

Mélissa se tordait elle aussi d'angoisse. Quelques minutes encore et le verdict allait être rendu: soit la prison à vie, soit la liberté.

Je me suis forcée à revenir à l'instant présent, cette fois avec des papiers bien en règle. Je ne courais aucun risque et je me déplaçais comme n'importe quelle femme libre de ce monde. Je pouvais aller n'importe où, sans crainte, et cette pensée a eu l'effet d'un baume.

J'ai alors pris le temps de regarder l'homme assis à mes côtés et je lui ai timidement demandé:

— Vous voyagez seul?

Il a posé sur moi un regard étonné, m'ayant sans doute jugée un peu coincée, puisque j'avais détourné la tête dès sa première question. Après m'avoir détaillée, il a répondu en esquissant un léger sourire:

— Je voyage seul. Et vous?
— Je voyage aussi seule.
— Êtes-vous égyptienne?
— Non, d'origine algérienne. Je suis née en France.
— Beau mélange. Moi, je suis un Québécois pure laine, a-t-il fait avec fierté.
— Moi, je suis devenue une Québécoise de cœur, ai-je rétorqué avec non moins de fierté, oubliant presque que je m'adressais à un inconnu. Ici, c'est ma terre d'accueil et celle de ma délivrance.

— De votre délivrance? Que voulez-vous dire?

Cette question était prévisible. Qu'est-ce que je devais lui répondre? Était-ce prudent de le faire? Constatant mon malaise, il est venu à mon secours:

— Je m'excuse. Ce ne sont pas mes affaires, je crois.
— Ce n'est pas ça. Mais c'est une si longue histoire...
— Nous avons plus de sept heures de vol devant nous. Vous aurez bien le temps de tout me raconter.
— Il me faudrait sept jours.

Fin causeur, il m'a affirmé qu'il serait ravi de voler sept jours en ma compagnie, les joues un peu rougies par sa propre audace. L'arrivée de l'agent de bord a sauvé la situation qui m'a laissée muette.

— Attachez vos ceintures, s'il vous plaît.

L'avion allait décoller dans peu de temps. J'ai profité de cette interruption pour me dérober au regard soutenu et aux questions de ce voisin décidément trop curieux. Comme dans tous les aéroports du monde, il y avait l'agitation habituelle des techniciens s'affairant aux derniers préparatifs sur la piste et le brouhaha des passagers qui s'installaient dans l'appareil.

Mes pensées ont voyagé jusqu'en Algérie, auprès de mes petits. Comment se portaient-ils et comment vivaient-ils les retrouvailles avec leur père? Les jumeaux devaient se réjouir, mais le petit Zacharie, qui ne se souvenait plus de son père, allait-il s'adapter ou s'ennuyer? Était-il en train de me pleurer, ne se découvrant aucune attache avec ce père étranger? D'un coup, la panique s'est emparée de moi.

« *Calme-toi, Samia. Tes enfants sont à la plage avec leur papa et ils s'amusent comme des fous. Ils savourent tous les quatre de belles retrouvailles, après ces longues années de séparation. Ne gâte pas un si formidable voyage.* »

Je maîtrisais à peine ma panique que mon voisin est revenu à la charge :

— C'est la première fois que vous prenez l'avion ?
— Je n'arriverais même pas à compter le nombre de fois que je l'ai pris.
— Ah oui ! Votre métier l'exige, ou est-ce par plaisir ?

Judicieuse question... Mon métier ? Quelle idée ! Que lui répondre ? Que je prenais souvent des vacances ? Ou encore inventer un métier que j'ai toujours rêvé d'exercer ?

Cette façon de mentir ne me ressemblait pas, et il attendait une réponse. J'ai pris une grande respiration et je m'apprêtais à réagir quand enfin l'avion a amorcé son décollage. Ouf ! Sauvée par le bruit qui m'offrait un bon prétexte de me taire et de simuler un soudain mal de l'air.

La voix de l'hôtesse m'a peu après ramenée à la réalité et j'ai alors surpris mon voisin qui, avec discrétion, enlevait son alliance pour la dissimuler dans la poche de sa chemise. J'ai fait semblant d'ignorer son geste.

Ces bons hommes, québécois ou non, tous les mêmes ! L'occasion fait le larron. Un avion qui part vers l'étranger, une femme tout aussi étrangère à ses côtés, et hop ! il n'y a plus d'épouse, de conjointe ou d'amante qui tienne. Devais-je en rire ou m'en inquiéter ?

— Ça va mieux ? s'est-il enquis.

— Beaucoup mieux.

— Alors, êtes-vous en mesure de me confier les raisons de vos si fréquents voyages en avion.

Il avait de la suite dans les idées, mais que pouvais-je inventer? Il était exclu que je lui raconte ma vie.

— J'accompagnais mon ex-mari qui voyageait par affaires.

— J'espère que vous avez pris le temps de visiter tous ces pays.

— Vous pouvez être sûr que j'en ai profité.

J'imaginais son ahurissement s'il avait su de quel traitement j'avais profité quand j'étais avec cet être inhumain. Il serait tombé de haut, ce monsieur dissimulateur d'alliance.

« Oublie, Samia, oublie. Tout est fini, à présent. »

Dans mon for intérieur, je martelais ces mots comme une prière, mais ma tête les refusait. Tant que la peur sévirait et que je sentirais le besoin de me cacher, il n'y aurait pas de point final à ces souvenirs maudits.

Patient, mon voisin ne cédait pas et attendait une explication. Oser la vérité? Que j'étais damnée depuis ma naissance? Que la peur et la soumission avaient été mon pain quotidien? Les viols et les coups aussi? Que j'avais trouvé la force de fuir après des années de martyre, lorsque mes filles avaient été à leur tour menacées? Et que mon seul tort était d'être née femme?

Voyons, c'était si abracadabrant. Il se croirait à coup sûr devant une attardée ou une pauvre femme du tiers-monde sous la botte des hommes de sa famille. Mon attitude ne trahissait pourtant aucune soumission. J'avais l'air d'une femme comme toutes les autres, et je donnais l'impression d'être forte, heureuse et libre.

Pendant ce monologue intérieur, l'homme a voulu savoir si j'étais mariée. Décidément, sa stratégie manquait de subtilité. Eh bien, il obtiendrait une réponse qui mettrait un terme à ses attentes.

— Je suis mariée.

Dépité, il m'a rappelé que j'avais mentionné un ex-mari.

— Je suis remariée.

Est-ce que je devais lui révéler que le fait d'enlever sa bague n'augurait rien de positif, de mon point de vue? Non, et ce n'était pas mes affaires. Il ne me restait qu'à l'ignorer pendant plus de sept heures et demie.

Sentant la situation délicate, il s'est empressé de me demander:

— Qu'allez-vous faire en Égypte?
— Je prends un mois de vacances, et le temps de tout visiter.
— Seule?
— Ça vous étonne?
— Un peu. Si vous êtes mariée, pourquoi ne pas prendre des vacances avec votre conjoint?

Il ne manquait pas de culot, celui-là, qui croyait m'avoir caché son état matrimonial. Attention, il n'était pas seul à dissimuler. Nous étions deux dans ce jeu de dupes.

— D'un commun accord, nous avons décidé de passer les vacances chacun de notre côté.
— Vous avez des problèmes de couple ou vous tentez une expérience?

Bon Dieu, dans quelle galère m'étais-je embarquée? J'ai horreur des mensonges, et j'étais là, interprétant un rôle digne d'un vaudeville.

— Une première expérience pour voir ce que ce sera d'être seule au bout du monde.
— Ça doit être excitant pour une femme de voyager seule!
— Assez, oui! J'avoue que j'aime ça.
— Allez-vous au Caire?
— Oui.
— J'aimerais vous proposer quelque chose.
— Mmm?
— Que nous dînions un soir, là-bas. Est-ce que c'est possible?

Comme je le voyais venir avec ses gros sabots! D'abord la bague, ensuite l'invitation. Il n'y a pas si longtemps, semblable proposition m'aurait coûté la tête, pas moins.

— Je ne pense pas, non.
— J'aurai tout de même essayé, a-t-il conclu, pas mauvais perdant, du reste.
— Mon mari n'apprécierait pas.

«Et votre femme non plus», ai-je ravalé par souci de courtoisie et pour ne pas envenimer une conversation qui de toute façon s'étiolait.

C'est alors que j'ai tenté de me représenter la place

idéale d'une femme dans l'espace public, entre celle qui était mienne par le passé, c'est-à-dire à l'abri des autres hommes, mais entièrement livrée à mon ex-mari, et celle qui aujourd'hui me laisse exposée aux propositions déplacées comme en ce moment. Il m'est apparu évident que les femmes ne sont jamais tout à fait libres, comme les hommes, de circuler, de voyager, d'engager la conversation ou non. Et, plus important que tout, il leur est difficile d'échapper aux hommes en chasse.

Mais j'étais au moins libre d'une chose, soit de ne pas poursuivre le voyage de Paris au Caire en compagnie de cet homme.

— Je me demande si nous allons être assis ensemble lors du prochain vol, dit-il.

Ma carte d'embarquement indiquait le siège 19 A et la sienne, le 31 D.

— Quel dommage! s'exclama-t-il.

Je l'avais échappé belle et ce mauvais départ prendrait fin dès l'escale à Paris. L'homme avait l'air très déçu. J'ai mis sur-le-champ le casque d'écoute; il m'a imitée aussitôt pour visionner un film.

Au gré de la musique, je repensais aux propos de mon voisin et en quelque sorte j'étais ravie de cet incident qui me faisait sentir intéressante. Beau paradoxe! Il ne laissait pas passer cinq minutes sans me jeter un coup d'œil. Je faisais semblant de ne rien remarquer et je continuais à écouter la musique. Subterfuge bien excusable, car je voulais éviter autant son regard inquisiteur que ses indiscrétions. Je simulais le sommeil et, si je désirais arriver à Paris pour mettre un terme à cet échange en cul-de-sac, j'appréhendais ma réaction. Je n'avais pas revu la France, Paris et son aéroport depuis notre fuite cinq ans plus tôt, et j'en avais le vertige.

*

Il ne restait que quinze minutes de vol. Mon cœur affolé battait à tout rompre et ma surexcitation devenait presque douloureuse. Mon voisin percevait ma nervosité, mais il est probable qu'il s'interdisait d'intervenir. Il avait pris bonne note de mes jeux d'évitement et de la distance que j'avais mise entre nous.

Nous allions nous séparer dans quelques minutes. Il m'importait de ne pas paraître plus rétive que je ne l'étais et j'ai donc voulu échanger quelques mots avant de le quitter.

— J'ai trouvé ce voyage long.

Il m'a jeté un regard perplexe comme pour dire : « C'est maintenant que tu te décides ? »

— Très long, mais pas désagréable du tout.

Pas désagréable du tout ? Peu exigeant, celui-là, mais surtout entêté. La voix de l'hôtesse a sauvé une autre fois la situation, pendant que l'avion amorçait sa descente.

Mon cœur ne se calmait pas ; il battait si fort à l'idée de revoir cet aéroport de tous les cauchemars, que j'en oubliais l'irritation que me causaient cet homme et son insistance. De nombreuses images assaillaient ma mémoire et des scènes angoissantes y défilaient sans interruption.

Il est donc vrai qu'on ne guérit pas de certaines blessures. Au mieux, elles se referment et les cicatrices qu'elles laissent sont à la mesure de leur profondeur. Les miennes sont à fleur de peau, encore rouges de danger, dures et longues de désespoir.

Mon insensible voisin continuait de papoter, mais j'étais sourde à ses propos. Je n'avais qu'une hâte, en finir avec ce vol et du même coup avec cet entretien.

Pendant l'atterrissage, j'observais le paysage par le hublot. La France, ses espaces verts si bien ordonnés et ses petits hameaux paisibles ne parvenaient pas à diminuer mon agitation. Tout me revenait de ce pays qui m'a vue naître, ce pays témoin de mes bonheurs et de mes malheurs où la dureté et la cruauté de mes parents avaient piétiné et pourri mon enfance. Cette douce France avait aussi été témoin du pacte diabolique entre mes parents et un tortionnaire qui portait le nom de mari. Les souvenirs de cette enfance perdue s'entremêlaient à ceux de la femme adulte, bafouée et blessée.

Et cet étranger qui poursuivait son ahurissant bavardage. Je brûlais d'envie de lui crier : « Mais taisez-vous donc ! Ayez pitié du mal qui me ronge ! »

La bande sonore de ce film intérieur était assourdissante. Les cris de mon premier bébé Amir, que ma mère m'avait volé, se mêlaient à ceux de ma fille Norah qui, impuissante, voyait son père prendre plaisir à me torturer sous ses yeux. Les plaintes de mes enfants pendant les jours interminables d'errance dans les rues de Paris faisaient écho aux pleurs de Mélissa, consumée par le mal permanent de la peur que nous soyons arrêtés qui lui déchirait le ventre.

La voix de l'hôtesse m'a abruptement tirée de ce passage à vide.

— Madame, s'il vous plaît, vous devez descendre.

L'avion était désert et le siège à mes côtés aussi. L'homme avait quitté sa place sans me saluer.

— Je m'étais assoupie.
— Ce n'est rien. Venez, c'est par ici.

L'hôtesse m'a indiqué la sortie. J'aurais voulu lui expliquer que c'était faux et que je ne m'étais pas endormie. Que ces cauchemars maudits accaparaient à tout moment mon esprit et continuaient de me gâcher l'existence. Que la peur indicible d'être arrêtée par les douaniers, qui m'avait naguère terrorisée, revenait me hanter. À quoi cela m'aurait-il servi d'expliquer?

«Samia, tu es seule avec tes bleus à l'âme.»

Et cette solitude, j'en découvrais avec effroi toute l'immensité. Comme la petite fille de jadis livrée à elle-même, l'adulte que j'étais maintenant devenue n'avait personne pour la protéger.

J'ai traversé le long couloir vers l'aérogare avec des douleurs lancinantes à l'abdomen. Aucune parole d'apaisement, rien n'y faisait. L'angoisse se révélait la plus forte et semblait décidée à remporter la partie.

Une fois rendue dans l'aérogare, je longeais les murs et, dans ma tête surchauffée, les mêmes gens croisés il y avait presque cinq ans couraient dans toutes les directions. Les mêmes sueurs froides me collaient à la peau. Dans une répétition intolérable, les voix si vivantes des enfants me harcelaient.

« Maman, est-ce que le jeu est commencé? Maman, j'ai peur. Maman, j'ai mal au ventre. Maman, j'ai peur qu'on t'emmène en prison. Regarde, maman, le méchant monsieur, on dirait une taupe. Il sent les passeports, maman. »

Comment allais-je y arriver? Notre fuite, véritable chemin de croix, défilait dans toute son horreur, sans que je puisse l'interrompre. Les enfants étaient si petits. Comment n'avais-je pu les protéger davantage de cette souffrance?

Jamais auparavant l'étendue de leur propre calvaire ne m'était apparue avec autant d'acuité. Bien qu'en sachant parfaitement qu'il n'existait aucune autre solution, la culpabilité de n'avoir pu les soustraire à cette douleur me pourchassait, comme si je la leur avais infligée de façon volontaire.

Je tentais par tous les moyens de me comporter comme les gens normaux qui circulent dans une aérogare, en déambulant calmement. Peine perdue! Je ne parvenais même pas à me concentrer et à repérer le quai où je devais prendre mon vol de correspondance. Je me suis assise, le temps de recouvrer mes esprits.

« Respire profondément et ferme le bouton panique, Samia. La peur n'est plus de mise et personne ne veut te

faire de mal. Les enfants sont en sécurité et tu es en vacances. Plus que quiconque, tu dois apprécier ce bonheur. Abandonne-toi à ces instants avec passion. »

J'ai sorti de mon sac un petit miroir qui me renvoya une mine affreuse et un teint d'une pâleur maladive. En me rappelant qu'on m'avait déjà interdit de toucher à ces produits défendus, un trait de rouge sur mes lèvres et une retouche au maquillage de mes yeux ont presque suffi à me remonter le moral. «Dieu va te mener droit en enfer, si tu te maquilles, me répétait-on. Cela attire le regard des hommes, et des hommes tu dois te tenir éloignée.» Le simple geste d'appliquer du rouge sur mes lèvres s'apparentait à un grand exploit.

Je ne sais pas si Dieu me punira un jour et, à la vérité, je ne m'en soucie guère. Ce que je retiens, c'est la satisfaction de faire ces gestes sans crainte du châtiment, sans avoir à demander la permission à quiconque.

*

En continuant d'errer dans ces dédales du passé, mes pensées avaient bifurqué vers l'existence des femmes demeurées là-bas, sous le joug absolu des hommes. Sous leur domination cruelle, elles enduraient ce poids de souffrance en rêvant d'une impossible liberté.

La logique intégriste

Depuis mon arrivée au Québec, en 2001, si les souffrances physiques et morales se sont arrêtées, la persistance des souvenirs n'a jamais cessé de me hanter. En termes savants, je suis sans doute aussi atteinte du syndrome de stress post-traumatique, comme certains militaires qui reviennent d'Afghanistan. Et mes cris d'avant se sont mêlés à ceux de ces femmes qui n'ont pu échapper à leurs tourmenteurs. Je me sens redevable envers elles, je me sens responsable, sinon de changer les choses de façon durable, tout au moins d'améliorer la vie de certaines d'entre elles. Une seule est sauvée et la Terre est transformée.

À Paris, dans l'aérogare, les cris étouffés ou perçants de ces femmes résonnaient, ceux de la sœur de ma voisine en particulier. Belle et jeune coiffeuse, elle était fière de gagner sa vie en tenant un charmant salon de coiffure, à quelques kilomètres d'Alger. Rien n'importait davantage à Amira que ce salon, symbole de sa liberté. Elle avait étudié la coiffure et avec patience avait amassé assez d'argent pour réaliser son rêve.

Un matin, on l'avait retrouvée égorgée dans son salon. Son seul tort était d'avoir bravé l'avis de ses frères et cousins intégristes. Le chef du clan familial avait exigé de son frère qu'il l'égorge lui-même et qu'il sauve ainsi l'honneur bafoué de la famille. Devant le refus du frère, il avait confié la mission meurtrière à un jeune cousin qui n'avait alors que dix-neuf ans. L'honneur d'une famille n'est jamais si bien rétabli que par un de ses membres.

Amira, dont le nom signifie princesse, était blonde et plutôt grassouillette, et elle portait des vêtements moulants qui révélaient sa silhouette. Elle avait trente-deux ans et, mariée depuis quatre ans, elle était mère d'une petite fille de deux ans et demi. Son mari enseignait dans un collège de la banlieue d'Alger. Avec son aide, elle avait ouvert son petit commerce et, depuis, ses proches ne lui adressaient plus la parole. Ils la désavouaient publiquement et la considéraient comme traîtresse. C'était la honte de la famille.

À l'époque, tenir un salon de coiffure, surtout en banlieue d'Alger, c'était aussi tenir tête aux terroristes et contester leurs idées barbares. C'était extrêmement dangereux pour une femme. Cette activité traduisait une volonté d'autonomie, certes, mais aussi un souci douteux pour la beauté des femmes, ce qui était contraire aux idées intégristes et qui méritait le plus radical des châtiments, la mort.

Les terroristes l'avaient prévenue quelques fois, mais Amira demeurait sourde à leurs avertissements et persistait à poursuivre son rêve. Peu d'hommes osaient alors affronter les terroristes. Que dire des femmes?

Petit à petit, Amira avait perdu sa clientèle. Les femmes la trouvaient téméraire et éprouvaient une double peur, pour elles-mêmes d'abord et aussi pour cette femme opiniâtre que rien ni personne n'arrivait à influencer. Amira persistait dans son entreprise, indifférente au danger qui planait sur sa tête.

Le calme semblait revenu et elle ne percevait plus de menaces. Elle voulait croire que si elle tenait bon la crise passerait, mais elle se trompait. La façon de faire des terroristes est d'attaquer au moment où personne ne s'y attend, ce qu'ils avaient fait.

«Chez nous, les putes, nous les tuons.» Telle est la loi des intégristes et celle qui ne se plie pas aux dogmes de ces fous furieux est une pute.

Après son assassinat, la sœur d'Amira m'a raconté que plusieurs fois son frère aîné s'était rendu chez elle et l'avait frappée, devant son mari, pour l'intimider et pour l'amener à renoncer à son rêve. Mais elle avait la tête dure comme le roc.

— Amira était une battante, elle savait ce qu'elle voulait, comme toi, m'a-t-elle expliqué. Mais à quoi sa mort a-t-elle servi? Dis-le-moi, Samia. À rien. Son mari la pleure, sa fille est orpheline et son salon a disparu dans les flammes. Et moi, je m'ennuie de ma sœur.

Yamina a séché ses larmes et m'a confié :

— Un soir, elle n'est pas rentrée à la maison et son mari s'est inquiété. Il est parti à sa recherche et ce qu'il a trouvé faisait peine à voir.
— J'ai peur de l'entendre.
— Il a commencé par découvrir sa voiture incendiée non loin de son lieu de travail. Quant à Amira, elle se trouvait dans son salon de coiffure, dans une mare de sang. Elle avait les pieds et les poings ligotés. Ils lui avaient cousu la bouche avec un fil de fer alors qu'elle était vivante. Vivante, Samia! Te rends-tu compte à quel point elle a souffert? L'égorger n'était pas suffisant.

C'était là l'application à la lettre de la devise de ces terroristes déments et la punition des femmes qui osent s'opposer à leur volonté : coudre la bouche des grandes gueules.

*

Couverte de sueur froide, j'ai quitté le banc de l'aérogare, cherchant à refouler dans mon inconscient ces souvenirs aux relents peu agréables. N'était-ce pas déjà assez de maîtriser l'angoisse du moment, il fallait aussi me battre avec ces souvenirs dignes d'un film d'horreur. Ces évocations n'arrêteraient-elles donc jamais ? Nulle part je ne trouverais la paix ?

Bien sûr, cette vague de souvenirs n'arrivait pas de façon spontanée. Moi aussi, on m'avait jadis menacée de me coudre la bouche avec un fil de fer et de m'égorger par la suite. À plusieurs reprises.

Pervers, ces terroristes le sont sans l'ombre d'un doute. Ils prennent un plaisir vicieux à torturer les gens avant de les tuer. Et encore plus si ces gens sont des femmes. Ces fanatiques clament au nom d'Allah que les femmes ont été créées pour s'occuper de leur mari et pour lui obéir en tout. Malheur à celles qui osent faire fi de cette vérité. Celles qui parlent malgré l'interdiction formelle qui leur est faite s'éteindront le bec clos par un fil de fer. Qu'elles en prennent plein la gueule, ces langues bien pendues qui gênent le projet des terroristes de soumettre la nation entière à leurs croyances empruntées au Moyen Âge.

« *Samia, à défaut de pouvoir l'oublier, fais disparaître cette histoire comme si elle n'avait jamais existé. Regarde droit devant toi et mime l'assurance, même la gaieté, ça pourrait te faciliter la tâche. Redresse-toi et sois fière des belles choses que tu as réussi à accomplir jusqu'à présent.* »

De toute ma volonté, j'essayais d'oublier, sans grand succès, comme si tout mon esprit s'évertuait à aggraver ma situation. Tant bien que mal, je me suis dirigée droit vers le quai d'embarquement de mon prochain vol et j'ai pris place dans la file d'attente. Mon passeport et mon billet à la main m'ont rassurée. Après ce purgatoire aéroportuaire, j'ai savouré un bref moment de détente, car cette fois mes papiers étaient parfaitement en règle. Avec un soulagement mêlé à un brin d'orgueil, je les ai présentés à la douanière. En prenant acte de mon passeport algérien, elle m'a dit sur un ton grave :

— Avez-vous votre carte de résidante permanente au Canada?

Pour toute réponse, j'ai sorti la précieuse carte de mon sac comme une magicienne sort une colombe d'un chapeau.

— La voici.

La douanière m'a rendu mes papiers et m'a souhaité bon voyage.

Cette dignité retrouvée n'avait pas de prix. Le bonheur d'être en règle également. Ah, si mes enfants avaient pu être témoins de cet échange! Aux rebuts, les cauchemars!

Dans l'attente de l'avion qui me mènerait au pays de mes rêves, je me suis effondrée sur un siège d'où je pouvais observer tout autour de moi les allées et venues des gens. Instructif!

Scène de la vie conjugale

Fort instructif. Inquiétant, même. Là, devant moi, un couple sans doute égyptien attendait aussi le départ de l'avion. L'homme lisait un journal arabe et la femme tenait dans ses bras un nouveau-né. Deux autres enfants jouaient et riaient près de leurs parents. Le regard vague à travers le voile qui la recouvrait, la femme me jetait un coup d'œil. Que pouvait-elle bien penser? M'enviait-elle ou m'accusait-elle de ne pas être une bonne musulmane?

Curieusement, chaque fois que je croise une femme voilée, je suis intriguée, je voudrais savoir ce qu'elle pense de moi. Son jugement m'importe et je serais navrée qu'elle me considère comme une mauvaise fille, comme on me l'a si souvent reproché au pays.

Soudain, l'un des enfants tomba. Le mari arrêta net sa lecture et ramassa le petit avec impatience. L'enfant criait qu'il avait mal aux genoux. L'homme essayait en vain de l'apaiser, tandis que la femme présentait un regard maintenant traqué. À son tour, elle tenta de consoler l'enfant, pendant que le mari lui parlait en arabe et la sommait de se taire.

— Tu es juste à côté. Tu aurais pu éviter ça. Maintenant, n'essaie pas de le consoler.

— J'ai le bébé qui dort dans mes bras, répondit-elle humblement à son mari.

— C'est toi, la mère, non? siffla-t-il entre ses dents, en croyant à tort que personne ne comprenait.

Devant la colère de son mari, la pauvre femme ravala ses propres sentiments et se tut. Avec son bébé, elle prit l'autre enfant dans ses bras et lui chuchota quelque chose à l'oreille. Aussitôt, il se calma.

L'air redevenu serein, le mari put à nouveau se consacrer à des activités plus viriles. Il se replongea dans sa lecture.

Morale d'une brève scène de la vie conjugale arabe : quand le mari va, tout va.

J'essayais de me représenter le quotidien de cette femme, ici, en France, avec un mari abusif, loin des siens et sans leur protection. Encore que les membres de sa famille puissent parfois être les plus dangereux prédateurs d'une femme. Je désirais parler à cette femme qui était peut-être démunie comme j'avais pu l'être un jour et qui cherchait désespérément de l'aide comme je l'avais fait.

Tout concordait pour me rappeler mon propre passé haï jusque dans mes fibres les plus intimes. Pendant mon retour forcé en Algérie avec mon ex-mari, une femme rencontrée par hasard avait senti mon appel au secours silencieux. Où avait-elle trouvé l'audace de me demander si elle pouvait faire quelque chose pour moi?

Là, la situation n'était pas la même. Le mari se tenait tout près et il ne me laisserait jamais l'approcher.

Je voulais me persuader que cette femme n'était pas si malheureuse, mais je n'y parvenais pas et de plus elle ne cessait de me regarder. Je rassemblai tout mon courage, m'approchai d'elle et m'assis à ses côtés, à la place qu'occupait son fils plus âgé parti s'amuser plus loin. Elle avait encore ses deux enfants dans les bras.

— Ils sont très beaux, lui dis-je en arabe pour la mettre en confiance.
— Merci, fit-elle timidement en jetant un coup d'œil inquiet vers son mari.

Il semblait plongé dans sa lecture, mais il n'arrivait pas à dissimuler son envie folle de surveiller la scène.

— Êtes-vous égyptienne, demandai-je à la femme?
— Non, je suis jordanienne et mon mari aussi. Nos familles vivent en Égypte et nous allons leur rendre visite.
— Il y a longtemps que vous ne les avez pas vues?
— Presque trois ans; ils me manquent beaucoup.
— Vous allez donc avoir l'occasion de vivre avec eux pendant quelque temps.

Elle s'assura que son mari lisait encore, puis se rapprocha un peu plus de moi en faisant:

— Je ne vais pas dans ma famille, mais dans la sienne.
— Et pourquoi?
— Elles habitent à trois cents kilomètres l'une de l'autre.
— Trois cents kilomètres, ce n'est rien. Vous pouvez y aller.
— Non, les miens vont venir me rendre visite de

temps à autre, expliqua-t-elle, navrée. Mais je n'ai pas le droit d'aller les voir avec les enfants.

La femme paraissait de plus en plus inquiète, car elle savait que son mari, malgré les apparences, cherchait à ne pas perdre un mot de la conversation.

— Ses parents sont vieux et leur fille se marie dans quelques jours. Je devrai cuisiner et m'occuper du reste de la famille.

— Quand vous reviendrez en France, qui va s'occuper d'eux?

Sans doute dans un accès de folle témérité, elle me confia :

— J'ai entendu une conversation téléphonique entre mon mari et un membre de sa famille. Il souhaite revenir vivre définitivement au pays.

— Mais vous, qu'en pensez-vous?

— Je n'en pense rien. C'est à lui de décider.

N'y tenant plus, le mari baissa son journal et me regarda droit dans les yeux. De ce regard calqué sur tant d'autres qui proclamaient le droit divin d'imposer leur point de vue, leurs valeurs et, surtout, leurs croyances.

— Vous êtes arabe? questionna-t-il sèchement.

— Oui, je le suis, lui répondis-je sur un ton déterminé.

— Musulmane?

— Oui, musulmane.

— Et cet accoutrement que vous portez est aussi musulman, je suppose?

— Cet accoutrement est le mien et je ne vous permettrai pas de le juger.

— C'est la première fois que vous allez en Égypte?
— C'est la première fois.
— On voit bien que vous ne connaissez pas nos coutumes. Vous allez dans un pays musulman, madame, et à votre place je me vêtirais autrement. Je ne vous croyais pas arabe, et encore moins musulmane. Dieu, éloigne-nous du mal! De toute façon, ma femme n'a plus rien à vous dire, c'est compris?
— Ce que je comprends, c'est que vous lui interdisez de me parler.

J'aurais souhaité poursuivre sur cette lancée et lui cracher en plein visage le fond de ma pensée, à savoir qu'il traitait sa femme comme une esclave et qu'il utilisait la religion pour mieux la dominer. Mais je me suis empêchée de poursuivre, en constatant que je n'avais pas le gabarit psychologique pour affronter d'autres attaques. La peur rappliquait et rôdait aux alentours. Je m'empressai de m'éloigner avant qu'il ne profère d'autres mots qui blessent. Les mots parfois frappent une femme plus juste et plus fort que certains coups.

Tandis que le couple se querellait, je me dirigeai vers un banc situé plus loin dans la salle d'attente. L'homme était vraiment mécontent. Les hommes des pays musulmans décideraient-ils toujours pour nous? De nos paroles, de nos vêtements, et même de nos gestes? La femme ne bronchait plus. Elle avait la tête baissée et n'osait même plus regarder de mon côté, confinée dans une attitude de totale soumission. Pauvre femme. Si elle était traitée ainsi en France, comment serait-elle traitée là-bas?

Je me forçai à détourner mon attention de la scène;

j'avais trop mal pour elle et je me reprochais d'avoir été en quelque sorte la cause de cette altercation. J'avais le cœur brisé de la voir en si mauvaise posture, mais je savais que c'était peine perdue. S'interposer entre mari et femme ne se faisait pas sans conséquence et, si ce couple était arabo-musulman, toute ingérence était intolérable. La femme était la propriété privée de l'homme et aucune désapprobation publique, si minime soit-elle, n'était admise.

Difficile de ne plus y penser et d'occuper mon esprit tiraillé qui réclamait le droit de profiter de l'instant présent, mais qui continuait à être assailli par une kyrielle de mauvais souvenirs et d'idées noires qui refusaient de lâcher prise.

Le cours actuel de la vie des femmes devait être impérativement transformé et je le sentais de façon viscérale. Cette conviction intime était amplifiée par la part de culpabilité que j'éprouvais maintenant devant mon propre bien-être. Je rends grâce au ciel d'être parvenue à quitter l'enfer, et je m'en estime heureuse et chanceuse. Mais pourquoi moi et pas les autres?

Il devenait clair que je ne pouvais me résigner à mener une petite vie tranquille et, d'une certaine manière, égoïste, en oubliant qu'une mince cloison me séparait de toutes ces femmes prisonnières. Je ne voulais et ne pouvais pas les abandonner à leur sort injuste. Ma décision de me rendre en Égypte n'était peut-être pas étrangère à cette prise de conscience et, en attente de l'avion, je poursuivais ma réflexion.

Chaque culture possède une façon caractéristique de définir les rôles des deux sexes. Dans nos sociétés arabes en général, la situation des femmes est figée depuis la nuit des temps. Elles sont encore trop souvent cantonnées dans des fonctions secondaires par rapport à celles des hommes et la violence les contraint à obéir dans l'espace restreint qui leur est assigné. À chacun sa place.

Je remarque surtout que, souvent, même les institutions sociales et politiques encouragent la soumission des femmes et les violences dont elles sont victimes. Certaines traditions et pratiques culturelles, en particulier celles qui sont liées aux notions de pureté et de chasteté, sont souvent invoquées pour expliquer ou excuser les mauvais traitements qu'on leur inflige.

Dans le pays d'où je viens, comme dans bien d'autres, la raison suprême tient en ces quelques mots : préserver l'honneur de la famille. Pour justifier ses gestes infâmes envers sa femme, un homme n'hésite pas à mentir et à prétendre auprès des beaux-parents que leur fille est coupable d'adultère. C'est précisément là une des astuces qu'utilisait mon ex-mari pour me discréditer auprès de ma propre famille.

Dans les pays musulmans, des femmes sont tuées chaque année parce qu'elles protestent contre un mariage forcé ou revendiquent le droit de choisir leur époux. Je me souviens comme si c'était hier d'une scène où je pleurais à fendre l'âme en suppliant ma mère d'intercéder auprès de mon père pour qu'il ne me marie pas à un inconnu. Sa réponse impitoyable avait été :

— Où te crois-tu, ma fille, dans un feuilleton télévisé?

Il y a pire. Un seul regard interprété comme la preuve d'une relation coupable peut coûter la vie à une femme. Lorsque je sortais avec ma mère faire des achats, j'avais intérêt à garder les yeux baissés, sinon j'étais vite accusée d'échanges de regards mal intentionnés.

Le plus déplorable, c'est que la majorité des femmes acceptent cette violence comme un trait indissociable de leur destin et se sentent impuissantes à y réagir. Je connais par cœur cette disposition d'esprit qui prend sa source dans un conditionnement de tous les instants. Elle était aussi la mienne, auparavant.

Les femmes musulmanes sont souvent violées par leur conjoint. Ce crime n'est jamais interprété ni puni comme tel, car un mari ne saurait violer sa femme. Le mariage est assorti d'un droit de cuissage[1]. Ici, la situation a évolué, tandis que là-bas les hommes se défendent en affirmant que Dieu leur a prescrit : « Entrez dans votre champ de labour et déposez-y votre semence. » Ce qu'ils oublient, c'est que Dieu ne leur a jamais permis d'entrer dans leur champ de labour avec violence.

*

Le plus grave, dans cette tragédie, c'est que la violence est si répandue et si fréquente dans les

---

1. Au Moyen Âge, le droit de cuissage devait conférer au seigneur le droit de « mettre la jambe dans le lit de la mariée la première nuit des noces ». En d'autres termes, il aurait été autorisé à obtenir des faveurs sexuelles d'une nouvelle mariée. En réalité, ce droit est imaginaire et aucun texte de loi ne le supporte. Au contraire, les abus de pouvoir dans ce sens sont réprimés par les codes de loi.

sociétés arabo-musulmanes qu'elle se fond dans la normalité des choses. On n'y prête aucune attention.

Le comportement d'une femme est la plupart du temps considéré comme le reflet des qualités de sa famille ou de son milieu social. Si une femme semble outrepasser le rôle culturel où elle est enfermée, elle peut être accusée d'avoir jeté la honte et le déshonneur sur sa famille. Et la famille, c'est sacré.

La violence et les menaces constituent donc un moyen idéal de domination des femmes; elles servent de sanction si les femmes ne se conforment pas aux volontés des hommes de leur entourage. Dans les cas extrêmes, les femmes peuvent être défigurées ou même tuées. Le Code pénal traite ces prétendus crimes d'honneur avec une indulgence désolante, et la charia, ou code de la famille, les encourage.

Ainsi, un journal arabe faisait un jour état d'une Jordanienne qui venait d'être égorgée par son père et ses frères. Motif invoqué : crime d'honneur. Le journal relatait que la jeune femme venait d'être répudiée, le mari ne supportant plus l'idée qu'il avait épousé une fille non vierge... douze ans plus tôt. Oui, ils étaient mariés depuis douze ans et ils avaient eu quatre enfants.

Et ce n'est pas un cas isolé. C'est intolérable, mais ma rage et mon indignation ne détiennent pas le pouvoir de changer le cours des choses et je le regrette. Il ne faut pas s'y tromper : la société comprend très bien les agissements assassins de la famille.

Marie-Bernadette Dupuy, auteure de plusieurs romans chez JCL,
en a profité pour me photographier avec les romancières
Marie-Christine Bernard et Isabelle Larouche.

Un jour de 2006 où j'étais en séance de signatures au Salon du livre de Jonquière, un enfant d'origine algérienne est venu me dire que sa maman avait adoré mon livre et m'a demandé de lui dédicacer un signet. Peu après, un Algérien d'une quarantaine d'années s'est présenté avec l'enfant :

— C'est toi, Samia Shariff ? Sache que s'il existe des hommes brutaux, c'est que les femmes sont incapables de se la fermer. Elles n'ont que ce qu'elles méritent !

En définitive, il me tenait responsable des agissements de mon ex-mari. Avant de quitter le stand de la maison d'édition, l'homme avait ajouté avec un mépris non dissimulé :

— Tu peux bien te cacher derrière ton voile.

L'enfant était muet. Quant à moi, j'étais secouée. Et stupéfiée aussi d'entendre ces mots au Canada. Certains musulmans immigrent en Occident avec le désir de changer de vie et d'aller de l'avant. Mais, s'ils parviennent à améliorer leurs conditions, ils veulent en général maintenir leur femme sous leur botte et mettent tout en œuvre pour que rien ne change pour elle.

Unique maître de sa femme, le mari prétend que Dieu lui donne le droit de surveiller chacun de ses gestes, chacune de ses fréquentations. Il est même autorisé à contrôler jusqu'à ses pensées, ses lectures, ses appels téléphoniques et la moindre de ses conversations. Pour simplement rendre visite à ses parents, elle doit aussi obtenir la permission du patron conjugal. La majorité des femmes arabo-musulmanes sont persuadées qu'il y a là une fatalité et qu'il serait vain de tenter d'y échapper. L'homme est là pour penser à notre place. Il peut ainsi nous éviter de commettre des fautes qui nous condamneraient à un bien triste sort dans l'au-delà. En plus, si la femme a un jour l'audace de dénoncer cette violence, elle enfreint la règle du respect que lui impose la religion vis-à-vis du mariage. Et Dieu la condamne. Cet odieux chantage à saveur religieuse accompagne les règles de conduite de la musulmane et s'exprime de façon très stricte : ou tu fais ceci et tu te tais, ou c'est cela qui risque de t'arriver. Dénoncer, dans ce contexte, c'est affronter un obstacle insurmontable ; pour bien des femmes, c'est s'engager dans une voie sans issue possible.

Pourtant, un imam m'a déjà dit :

— Un bon musulman est d'abord tenu de respecter

sa mère et sa femme. Sinon, tout ce qu'il fera pour Dieu sera rejeté.

Si un bon musulman doit se conformer à ce principe, pourquoi nos hommes nous traitent-ils si mal? Pourquoi nous maltraitent-ils, plutôt? Cette question demeure sans réponse satisfaisante, de même que cette autre: pourquoi sommes-nous prisonnières de leurs ordres et de leurs menaces?

Je me suis trop souvent demandé pourquoi mon premier mari éprouvait ce besoin apparemment inassouvissable de me battre. Pourquoi me violait-il tous les soirs, sans état d'âme et sans aucun remords? Si, comble d'audace, j'osais en parler à ma mère ou à mes tantes maternelle et paternelle, j'obtenais d'elles une réponse unanime et invariable: «Tu l'as mérité et c'est pour ton bien.»

La société musulmane continue, en ce XXIe siècle, d'être partagée entre la religion et les traditions d'une part, et l'attrait du monde occidental d'autre part. Cette position entre deux extrêmes demeure inconfortable. Finalement, la tradition a la vie dure et l'évolution ne se fait qu'à très petits pas, ponctuée de retours en arrière désolants. Car ceux qui cherchent à évoluer agissent sous haute surveillance, et la riposte des opposants peut être virulente.

Malgré cela, des changements s'opèrent, la plupart du temps remportés grâce à la lutte menée par les femmes elles-mêmes. Les musulmanes s'affirment de plus en plus. Pas partout, certes, mais cette évolution s'observe aussi bien dans l'intimité de quelques familles émancipées que dans l'espace public de certains pays de religion islamique. La pression des pays occidentaux n'y est pas étrangère. Obtenir sa place ou à tout le moins un peu de crédibilité dans le concert des nations peut être fonction de l'amélioration des conditions de vie des femmes et de l'adoption d'un code de la famille équitable.

Dans plusieurs pays musulmans, la violence publique à l'égard des femmes est interdite. Mais la violence privée, celle qui s'exerce dans ce qui devrait être une oasis de paix, est tolérée, sinon autorisée. Tant et si bien que l'homme qui tue une femme inconnue sur la rue sera poursuivi en justice, alors que, si un mari tue sa femme parce qu'elle lui aurait été infidèle, la cause sera considérée sans objet.

Quand je cohabitais avec le monstre que mes parents m'avaient imposé comme premier mari, c'était ce que je redoutais le plus. Il pouvait selon son bon vouloir me tuer en toute impunité, en invoquant l'honneur comme défense. Il me répétait sans cesse :

— Je te tuerai et je dirai que je t'ai surprise avec un homme.

Ma survie dépendait de mon attitude de parfaite obéissance et de l'exécution de ses moindres caprices. J'étais littéralement réduite à l'esclavage, le mot n'est certainement pas trop fort. Et la voix de l'impuissance me répétait que la bataille était perdue d'avance. L'avenir en déciderait autrement.

Dernièrement, je discutais avec mon amie Linda. Elle me racontait qu'elle avait subi les mêmes sévices que moi dans son enfance et qu'elle avait souvent été témoin de scènes épouvantables entre sa mère et son père. Des prétextes étonnamment similaires à ceux que je connaissais par cœur servaient de justification. Son père battait sa mère pour la seule raison que les vêtements de leur fille n'étaient pas conformes aux règlements imposés par la religion ou parce que l'un des enfants avait commis une bêtise.

La mère de Linda était par ailleurs impitoyable pour sa fille; plus l'enfant grandissait, plus la femme agissait en marâtre. Mon amie était désarçonnée devant le comportement de sa mère qu'elle avait très souvent défendue face à son père; de ce fait, elle avait régulièrement pris les coups à sa place. Pourtant, sa mère ne manifestait aucune appréciation et ne la remerciait surtout pas. Au contraire, elle lui reprochait d'être responsable de la violence que lui infligeait son père. Pas étonnant que la fille se soit sentie coupable de la violence subie par la mère. Le nom de Linda s'ajoutait à la liste déjà trop longue des femmes violentées.

Toute ma vie j'ai éprouvé de la compassion pour ma mère et les femmes autour de moi, car rien ne m'échappait de leur asservissement à leur tout-puissant mari. Mais pourquoi donc devons-nous respecter ces êtres cruels et maléfiques, alors qu'ils nous méprisent ouvertement?

Il m'est bien sûr arrivé de rencontrer, même parmi de fervents pratiquants, des couples heureux qui vivaient dans le respect mutuel. J'ai appris avec le temps à ne plus juger les gens à leur allure. Ce n'est pas parce qu'un tel est barbu et habillé de façon bizarre qu'il est forcément méchant. En revanche, un monstre peut se dissimuler sous les habits d'un gentleman. Même si c'est un cliché, il n'en est pas moins vrai que les apparences sont parfois trompeuses.

Un jour, durant mes années de misère en Algérie, j'avais abordé le sujet de la violence conjugale avec une voisine. Elle m'avait alors confié que, depuis sa première nuit de noces, son mari la battait. Elle se laissait faire, car pour se faire pardonner le mari l'autorisait à sortir faire des courses ou voir sa famille, le lendemain. Elle avait donc souvent rendu visite à ses proches avec un œil tuméfié ou des ecchymoses sur les bras. Ils ne pouvaient plus ignorer que l'une des leurs subissait des actes de violence, mais ils n'intervenaient pas. Ses parents lui expliquaient que c'était une affaire entre elle et son mari et que, pour ne plus subir ces outrages, elle devait parfaire son comportement et satisfaire à toutes ses exigences.

Dans le monde musulman, la violence conjugale est un phénomène fort répandu. C'est un mal épidémique que favorise l'hypocrisie généralisée. Il y a dans ce système déloyal deux poids deux mesures habilement maintenus en équilibre. Je peux maintenant l'affirmer sans l'ombre d'un doute et l'expérience acquise m'a permis d'en bien comprendre la mécanique.

La famille de cette voisine requérait le silence de sa fille dans l'unique but d'éviter un divorce, et ainsi la honte et le déshonneur. Une fois la fille enfin casée, la maisonnée pouvait respirer tranquillement et dès lors afficher son indifférence. Cette connivence familiale donne de la force et même de la toute-puissance aux hommes. Ainsi confortés, ils détiennent sur nous un pouvoir absolu et ils n'hésitent aucunement à en abuser. Si elles veulent éviter la honte à la famille et la rue à leurs enfants, les femmes arabo-musulmanes n'ont d'autre choix que de subir.

*

Le temps s'écoulait lentement et je pouvais continuer à suivre quelques minutes encore le cours de mes pensées sans être dérangée par le brouhaha du début de l'embarquement. J'oubliai à nouveau mon entourage afin de poursuivre le cours de mes réflexions. Mais je fus bientôt arrachée à ma rêverie par la voix de l'hôtesse d'Air France qui me demandait de joindre la file des gens qui s'apprêtaient à monter à bord de l'avion à destination du Caire.

*

Chaque fois que je prends conscience que mon cauchemar familial et conjugal est terminé et que je jouis d'une destinée qui désormais m'appartient, une bouffée de bonheur me monte à la tête. Oui, j'étais maintenant heureuse d'être dans ce lieu, cet aéroport, en partance vers un pays que j'espérais envoûtant. Il en est toujours ainsi. Quand mes pensées me déportent vers des horizons anciens, il y a toujours ce moment où je reviens au présent et, à cet instant précis, une vague de sentiments m'emporte, mélange de joie, de soulagement et de gratitude.

À bord de l'avion, une jeune femme accompagnée de sa fille d'environ trois ans occupait déjà la place voisine de celle qui m'avait été assignée. Elle était âgée d'une trentaine d'années. Sa très jolie fillette portait des nattes et son visage était dévoré par de grands yeux noirs.

À peine m'étais-je penchée pour préparer ma place et m'asseoir qu'elle me gratifia d'un sourire de bienvenue.

— Bonjour, fis-je en lui rendant son sourire.
— Je suis Houda et voici ma fille Rym.

— Moi, c'est Samia, et je me rends en Égypte pour la première fois.

La jeune femme enleva son sac qui occupait mon siège et s'excusa. Une fois installée, je jetai un coup d'œil autour de moi pour repérer mon premier compagnon de voyage. Il était assis à l'arrière de l'appareil, entre deux autres hommes. Je me retournai vite avant qu'il ne me remarque. Il ne devait pas être très content. Je souris, ce qui attira l'attention de ma charmante voisine. Avec simplicité, elle me dit :

— J'aimerais bien avoir une raison de sourire, moi aussi. Tu peux me raconter ?

Il y a des personnes avec qui il est très facile de sympathiser et d'autres qui n'inspirent aucun désir d'échange, malgré une dose massive de bonne volonté. Comme ce premier compagnon de voyage, par exemple. Une affaire d'atomes crochus, je suppose.

Houda avait l'air d'une gentille fille, innocente et perdue. Elle me rappelait tant Amal, ma petite sœur.

L'histoire se répète

Houda, la jeune femme douce, sa fille Rym et moi attendions le décollage. Comme un miroir, Houda me renvoya une image conforme en tous points à la mienne, mais surtout à celle de ma petite sœur Amal. L'histoire continuait de se répéter encore et toujours. Quand donc ce malheur prendrait-il fin? Amal, qui durant des années m'était apparue heureuse et paisible, ne l'était pas. Et c'est peu dire que de l'exprimer ainsi.

Au téléphone, tout récemment, elle m'avait avoué être désespérée parce que son mari la trompait et la battait. Elle l'avait même surpris s'entretenant au téléphone avec une autre femme; ensemble, ils préparaient un voyage d'une semaine hors du pays.

— Te rends-tu compte, Samia? Après dix-sept ans de mariage et tant de sacrifices, j'apprends qu'il s'en va en voyage avec une autre. Jamais il n'a fait ça pour moi!

Amal ne pouvait plus arrêter le flot des paroles trop longtemps contenu:

— J'ai trente-six ans et ma vie est finie, Samia. Comme je te comprends, aujourd'hui, ma sœur! Comme je ressens ta souffrance! Pardonne-moi d'avoir été si absente et si loin de tes propres malheurs. De m'être tenue à distance lors de tes disputes avec nos parents.

Elle poursuivait, intarissable :

— Je leur donnais raison et je t'en voulais de chercher seulement ta liberté, en faisant fi de l'honneur de la famille. Je n'avais pas compris le vrai sens de tes souffrances.

Amal pleurait de toutes ses forces, les forces de sa détresse. L'ampleur de sa douleur avait traversé l'océan qui nous séparait et m'avait frappée en plein cœur. Ses cris et ses larmes étaient miens. Comment avais-je pu croire qu'Amal n'avait pas subi la haine que la famille Shariff entretenait à l'endroit de ses filles ?

Trahie par son mari autant que par la famille, elle se trouvait exactement dans la même impasse où, des années plus tôt, je m'étais débattue contre les pièges tendus par mes proches. Le même scénario dévastateur se reproduisait : une famille qui, dans le meilleur des cas, fermait les yeux sur les malheurs de sa fille, et le mari, encouragé par sa belle-famille, qui en profitait jusqu'à ne plus savoir mettre de limites à l'assouvissement de ses instincts violents.

— Je voudrais divorcer, Samia. Mais où irais-je ? Nos parents ne veulent rien entendre, de crainte de revivre ce qui s'est passé avec toi. Maman m'a suppliée de ne pas suivre tes traces. Je ne pourrai jamais faire ce que tu as fait. Je n'ai pas ton courage. D'où t'est venue cette détermination de tout laisser et de partir ?

Je savais mot pour mot ce qu'elle allait me révéler.

Qu'il rentrait à l'heure qu'il voulait, qu'il ressortait quand ça lui chantait, sans jamais lui rendre de compte ou simplement répondre à ses questions. Qu'il la battait sans ménagement quelquefois. Une banale véritable copie conforme.

— Tiens, la semaine dernière, il était avec nous. Soudain, il reçoit un coup de fil d'un ami. Sans explication aucune, il s'est levé d'un bond et il est sorti. Une demi-heure plus tard, la femme de cet ami m'a appelée. Elle voulait que je sache que son mari s'était entretenu avec une femme avant de prendre des arrangements avec le mien. Elle a conclu : « C'est notre lot, on n'y peut rien. »

Bouleversée après cet entretien téléphonique, Amal avait envoyé un message texte à son mari, lui demandant où il se trouvait.

— Il n'a pas tardé à me téléphoner pour me menacer. Dès son retour à la maison, il allait me montrer ce qu'il en coûte de le déranger.

J'écoutais ma petite sœur, incapable de contrôler mes larmes d'impuissance. Elle poursuivait cet intolérable récit. Une fois revenu à la maison, son mari l'avait frappée avec sa ceinture partout sur le corps et l'avait jetée au sol. Amal était tombée sur le visage et s'était évanouie. Il hurlait : « Réveille-toi, tas de merde. Tu as du sang qui te sort de la bouche. Tout ce cirque pour me ridiculiser devant mes enfants. Tu voudrais leur montrer que c'est toi la victime et moi le monstre, n'est-ce pas ? »

Il l'invectivait et criait que, chaque fois qu'elle le dérangerait pendant qu'il s'amusait, ce serait ainsi.

Sadique, il lui crachait au visage qu'il se trouvait avec des femmes, que cela lui plaise ou non, et qu'il avait passé un vrai bon moment.

Si Amal s'avisait d'en informer la famille et si monsieur Shariff se pointait le bout du nez, il jurait qu'il divorcerait, ajoutant une seconde «pute» aux annales familiales. Il avait prononcé ce verdict en quittant la pièce et en éclatant de rire.

Amal m'avait confié bien d'autres sentiments:

— Tu sais, j'avais honte de te l'avouer. Je voulais montrer aux autres que je n'étais pas comme toi. La famille m'importait tant que j'entendais me plier à tous ses désirs. Mon mari est roi. Il couche à gauche et à droite et ne se soucie pas d'être malade et de m'infecter. Si je refuse d'avoir une relation sexuelle, il me viole en déclarant que je suis sa propriété et qu'il détient tous les droits sur moi. C'est une répétition de ton histoire, Samia. Je ne sais plus quoi faire. Personne ne me protège. Tant et aussi longtemps que je serai avec lui, je craindrai le pire.

Ma petite sœur pleurait en s'excusant encore de n'avoir rien compris.

— Arrête de te torturer, Amal. S'il te plaît, cette histoire appartient au passé et je ne t'en garde pas rancune. Tu ne pouvais pas me soutenir. Tout le monde croyait que j'étais la traîtresse qui ne s'occupe que de son bien-être aux dépens de celui de sa famille. J'ai enfin réussi à m'échapper et à m'en sortir. Je ne regrette rien. C'est fini pour moi, tout ça. À présent, je voudrais t'aider.
— Comment, Samia?

— T'aider à quitter le pays comme je l'ai fait.

— Je ne peux pas. Tu oublies papa et maman. Que diront les autres?

— Sois réaliste. Qui se soucie de toi, à présent? Personne, Amal. Tout ce qui importe, c'est l'honneur de la famille. Le monde ferme les yeux et fait comme si tout allait bien. Pendant combien de temps encore vas-tu pouvoir supporter cet enfer? Un an, deux ans, cinq ans encore? Tu attends quoi? De... mourir? On n'est plus des petites filles impuissantes, Amal. Réveille-toi pendant qu'il en est encore temps. Je ne veux pas qu'il t'arrive encore du mal, tu es si fragile.

*

Pendant que l'avion s'avançait enfin sur la piste, des fantasmes de vengeance me taraudaient. J'avais envie de rentrer en Algérie et, oserais-je l'avouer, de tirer une balle dans la tête de cette ordure que ma sœur avait été contrainte d'épouser.

Impuissante devant la situation dramatique de ma chère petite Amal, j'avais une peine insondable à chaque fois que nous nous parlions au téléphone.

Pourquoi, Allah, est-ce ainsi? Devrait-on toutes mourir pour l'honneur? Est-ce là Ta volonté?

Peu après cet appel au secours, j'avais voulu savoir où elle en était. Elle m'avait répondu qu'elle pourrait aller mieux et que je lui manquais beaucoup. Qu'elle se sentait seule depuis qu'elle ne m'avait plus à ses côtés.

— Amal, un mot de ta part et je mets tout en place pour que tu t'enfuies. Tu dois savoir que je suis prête à tout pour te ramener ici.

— Je ne peux pas tout laisser derrière moi, Samia. Je ne suis pas aussi forte que toi. Il m'est impossible d'abandonner ma maison, mes biens et mon mari. Et la famille, surtout. J'ai trop peur d'elle. Comment as-tu pu survivre à tout ça? Comment as-tu fait pour supporter cette misère avec tes enfants?

— À propos de la famille, est-ce qu'elle parle de moi?

— Non, et depuis belle lurette. Pour eux, tu n'existes plus. Ils disent que tu es bel et bien morte.

— Eh bien, pour nous aussi, elle est enterrée. La seule qui est restée vivante, c'est toi.

— C'est mieux ainsi, crois-moi. Tu es très loin. Tu as retrouvé ta liberté et celle de tes enfants. Je t'admire et je te souhaite d'être enfin heureuse. Tu le mérites!

Ma petite sœur avait alors éclaté en sanglots.

— Ne pleure pas, Amal, je ne souffre plus. Je n'ai rien des choses matérielles que je possédais là-bas, mais j'adore ma vie ici. Avant, j'avais tout, sauf l'essentiel. Maintenant, c'est le contraire. Je suis libre. Et si jamais tu as besoin de ta grande sœur, sache qu'elle est toute proche.

Après avoir raccroché, c'est en pleurant que j'avais constaté à quel point ma sœur me manquait. Mais surtout, ces conversations avaient dévoilé l'échec d'un pan de ma mission que j'avais jusqu'ici négligé. En regagnant ma liberté, j'avais abandonné là-bas ma petite Amal à son sort. Et je me culpabilisais.

Choisir une épouse à son mari

Soudain, je me rappelai que j'étais dans un avion et que ma compagne de voyage, une charmante jeune femme, voulait engager la conversation. Dès lors, je chassai ces pensées troublantes et je me détendis.

— Vous habitez en France?
— Depuis six ans. Ma fille est née là-bas.
— Vous avez d'autres enfants?
— Je n'ai qu'elle, répondit-elle avec un air désolé.

Malgré son léger sourire, je percevais bien la note de tristesse dans le regard de la jeune femme.

— Voulez-vous me parler de ce qui vous attriste? Vous allez visiter votre famille et vous avez une adorable petite fille. L'essentiel, en somme. La famille et l'amour, il n'y a rien de plus important.

La jeune femme leva vers moi ses yeux remplis de larmes et je me sentis cruelle de réveiller un mal profond en elle.

— Je suis vraiment désolée de vous avoir bouleversée.
— Rassurez-vous. Après tout, vous ne cherchiez qu'à alimenter la conversation, mais sans le vouloir vous avez touché un point sensible. Je crois qu'en parler un peu

me ferait le plus grand bien. Je n'ai jamais abordé ce sujet avec quelqu'un d'autre que ma mère.

— Si vous voulez vous confier, je suis là, dis-je en lui mettant la main sur l'épaule.

— Vous savez pourquoi je vais en Égypte? Pour choisir une nouvelle épouse à mon mari...

Ses larmes coulèrent sur ses joues qui se couvraient du noir de son khôl. Je sortis de mon sac un mouchoir de papier et je me mis à lui essuyer les joues.

— Arrêtez, s'il vous plaît, sinon je vais aussi me mettre à pleurer avec vous. Il n'existe aucun problème sans solution.

— Le mien va m'anéantir. Je ne sais pas si j'ai encore le goût de vivre.

— Racontez-moi tout et je vais essayer de vous conseiller au meilleur de mon expérience.

— Il y a deux ans, j'ai subi l'ablation de l'utérus et, depuis, mon mari est malade à l'idée que je ne pourrai plus lui donner un garçon, comme il le souhaitait au début de notre mariage. Il disait alors que, pour être heureux, un couple doit avoir au minimum quatre enfants. Il voulait trois garçons et une fille. Dieu a fait en sorte que nous n'ayons qu'une fille.

— Mais, Houda, ton mari est en France et il y est illégal d'avoir deux femmes.

— Je sais, mais il compte laisser sa seconde épouse en Égypte. Je n'ai plus confiance en l'avenir. Je ne sais vraiment pas ce qui va se passer après cet autre mariage. Je regarde souvent ma fille et je regrette parfois qu'elle ne soit pas un garçon. Si c'était le cas, mon mari ne se remarierait pas. Sans compter ce qui l'attend dans ce triangle amoureux déplorable et illogique.

— Ne regrette jamais ta fille, Houda, jamais. C'est

une charmante enfant. Et je suis sûre qu'en France elle est promise à un bel avenir. À ta place, je n'accepterais pas cette situation. Dis à ton mari que tu refuses. Que s'il persiste dans son projet, tu demanderas le divorce. — Tu veux rire! Il divorcera volontiers. Et après, j'irai où? Mon père est mort et ma vieille mère est malade en Égypte. C'est nous, mon mari et moi, qui subvenons à ses besoins.
— Tu sais, Houda, il n'y a pas si longtemps, j'étais comme toi. Vulnérable et incapable de réagir ou de prendre des décisions. Il me semblait aussi que sans mari et sans famille je n'existais pas. Or, c'est faux. Je sais de quoi une femme est capable.

Je voulais très fort qu'elle saisisse le sens de mes propos, mais au bout du compte c'est moi qui compris et mesurai sa fâcheuse position. Il n'y avait pas si longtemps, j'étais dans de bien plus mauvais draps et les conseils n'avaient pas eu raison de cette petite voix omniprésente qui me défendait d'agir.

J'observais la fillette si mignonne pendant que sa maman essayait d'apaiser son chagrin. Cette scène me rappelait ce que ma petite sœur Amal m'avait un jour confié:

— J'ai toujours voulu être un garçon. Si j'étais un garçon, je n'aurais plus jamais peur et, une fois grande, je serais un homme. Je travaillerais, je ne rendrais de comptes à personne. Et je me marierais, j'adorerais ma femme et je lui achèterais des fleurs chaque jour.

Houda aussi souhaiterait que sa fille soit un garçon. Comment ne pas désirer occuper la meilleure place de ce monde, celle assortie des privilèges et du pouvoir de décider? Comment ne pas souhaiter un sort plus enviable, quand nous sommes reléguées aux places subalternes, à celles qui restent quand les hommes ont achevé de faire leurs choix?

Au fond, je ne pouvais pas grand-chose pour Houda, à part l'écouter.

— Tu sais, je crois que ma situation serait plus grave s'il était venu lui-même en Égypte y choisir une femme. Là, c'est moi qu'il a chargée de cette mission et c'est une chance. Je vais en choisir une qui soit compréhensive et pas égoïste.

— Bonne idée.

— Je vais aussi m'assurer qu'elle soit moins jolie que moi, ajouta-t-elle en riant.

Je regardais la jeune femme qui continuait à rire et je m'attristais. Si c'était là sa seule consolation, se savoir plus jolie que la deuxième femme de son mari... Et puis, au total, nul doute qu'il valait mieux le prendre ainsi.

Le malheur, dans toutes ces difficultés qui s'abattent sur les femmes, c'est que la majorité d'entre elles ne savent pas que leurs droits les plus fondamentaux sont bafoués et que l'injustice règne sur leur vie. Pour elles, le destin et la volonté de Dieu décident de tout.

*

Dans une autre volte-face, mes pensées me ramenèrent quelques années plus tôt, à Alger. J'avais des voisins qui forçaient l'admiration de tous; ils étaient le modèle amoureux à suivre. Depuis plus de dix ans, ils vivaient un véritable mariage heureux.

Un soir de ramadan, après avoir rendu visite à sa mère, la jeune épouse rentrait chez elle. Aussitôt qu'elle mit la clé dans la serrure, son mari entrouvrit la porte et lui bloqua le passage.

— Tu viendras chercher tes affaires demain soir, à sept heures. Pour le moment, j'ai une nuit de noces à consommer, proféra-t-il avant de lui claquer la porte au nez.

La jeune femme sortit de l'immeuble en hurlant de toutes ses forces pour que le monde entier puisse l'entendre.

— Que Dieu jette sa vengeance sur toi et elle, si c'est tout ce que je mérite après dix ans de mariage et d'amour avec toi!

Et elle s'éloigna de la maison.

J'appris quelques jours plus tard que son mari l'avait jetée à la porte parce qu'elle ne pouvait lui donner un enfant. Encore une qui se trouvait sans préavis et sans possibilité de recours dépouillée de ses droits les plus fondamentaux. Mais, de mon point de vue, cette situation était de loin préférable à celle d'une seconde épouse imposée, où la première pouvait parfois être obligée de servir le nouveau couple pendant sa saison nuptiale.

Que faudrait-il faire pour que la situation de ces femmes-là change de façon radicale? La douce voix de ma compagne de voyage me ramena à notre conversation.

— À quoi penses-tu?
— Tu veux savoir la vérité, Houda?

— Bien sûr, dit-elle, étonnée.

— Eh bien, je pense à ton avenir.

— Mon avenir est déjà tracé, Samia, et je n'en ai pas la maîtrise. Seul Dieu décide de l'avenir. Il est dit qu'il est déjà écrit sur notre front le jour de notre naissance.

— Dieu y est pour quelque chose, Houda. Mais toi aussi. Tu peux aider Dieu à t'aider.

— En faisant quoi, par exemple?

— En disant à ton mari que tu n'es pas d'accord avec cette situation.

— Si je lui dis cela, il va divorcer. Je vais retourner en Égypte, chez ma mère malade.

— Tu es en France, Houda. Il ne pourra pas te renvoyer en Égypte contre ton gré. Tu pourras vivre librement avec ta fille. Tu n'as pas à être humiliée ainsi. Tu mérites mieux, ne crois-tu pas?

— Je ne peux pas le quitter. Sans lui, je n'existe pas. Ma mère ferait un arrêt cardiaque et mes frères me tueraient.

Je me reprochais de lui faire la leçon. Quelques années plus tôt, j'étais dans des conditions autrement plus lamentables que celles de cette jeune femme. Et, aujourd'hui, je voudrais transformer le monde en deux ou trois coups de cuiller à pot.

Je regardai Houda dans les yeux. Je lui caressai la tête et lui dis :

— Fais ce qui est le mieux pour toi et pour ta fille.

Je savais que tenter de la comprendre et de la consoler était la meilleure voie à emprunter et le seul secours que je pouvais lui apporter. Elle me regarda avec un air de réel soulagement, comme si elle avait attendu ma bénédiction.

— Tu pourrais me rendre visite chez ma mère, me proposa-t-elle avec simplicité.

Je ne savais pas si j'aurais l'occasion de le faire. Je prévoyais rester peu de temps en Égypte et mes enfants attendraient mon retour avec impatience.

— Tu habites au Canada?

— Je suis née en France, mais j'habite au Canada depuis cinq ans.

— Sûrement qu'il fait grand froid, là-bas.

— Comme tu dis, mais je m'y suis habituée et je m'y sens tellement bien!

— Es-tu avec ton mari et tes enfants?

— Avec mes enfants seulement. Il n'y a plus de mari depuis des années. Tu vois, Houda, à chacune ses difficultés. Si cela peut te consoler, j'ai souffert, moi aussi, mais j'ai tout fait pour m'en sortir. Je te souhaite la même délivrance. Je te souhaite de vivre enfin une vie paisible.

— Merci, mais je crois que le destin m'a joué un mauvais tour. Je serai certainement malheureuse toute ma vie.

— Il y a de l'espoir et je suis sûre que tu vas t'en sortir.

— Nous allons bientôt atterrir. J'aurais voulu que ce vol ne se termine jamais.

— Bonne ou mauvaise, toute chose a une fin. Il en ira ainsi de tes malheurs.

— Tu m'as fait du bien, Samia. On dirait même que je suis prête à affronter mon destin.

— Réfléchis à ce que tu as décidé de faire, Houda, avant de poser un geste. Prends le temps qu'il faut.

*

L'avion allait atterrir et le mystère qui enrobait cette ville plus que millénaire atteignait ma sensibilité. Je me demandais ce qui m'attendait en Égypte et cette incertitude me fascinait et me donnait des frissons tout à la fois. J'allais me retrouver loin de chez moi, de ma sécurité et de mes enfants, mais surtout loin de mes habitudes. J'allais aussi rencontrer des gens et me heurter à des situations qui me donneraient envie de crier. Mais une autre femme cohabitait maintenant en moi et, avec cette femme audacieuse et un brin provocatrice, je me sentais prête à tout affronter.

L'avion ayant atterri, le paysage me surprit. La ville semblait bizarre, les maisons s'agglutinaient dans une couleur sable terne. Tout était vieux et très sale, enveloppé d'un climat aride.

Vue de la ville du Caire, depuis la terrasse de la mosquée Méhémet-Ali. On peut apercevoir les pyramides au loin.

146

Comment les gens m'accueilleraient-ils?

Je fis mes adieux à Houda en lui souhaitant du courage et une longue vie heureuse. Quel que soit son choix.

Les rues du Caire sont remplies de marchands de toutes sortes et
surtout de femmes mendiantes avec leurs enfants. Ici, une femme
attend avec ses deux enfants que les passants aient pitié d'eux.
À sa droite, un petit feu lui sert probablement de réchaud.

Autre pays, mêmes mœurs

Dès que j'eus récupéré mes bagages, une flopée d'hommes se mirent à grouiller autour de moi, m'offrant leur aide ou un taxi. Avant mon départ, une Égyptienne habitant Montréal m'avait prévenue de ne rien accepter des gens dans l'aérogare et d'attendre d'être à l'extérieur pour héler un taxi. Ses propos avaient aussi refroidi un peu mon ardeur.

— Fais attention à ce que tu portes. Toi, tu es arabe.

Alors que je me dirigeais vers la sortie, épuisée par ce long voyage haut en émotions, un incident attira néanmoins mon attention. Une femme assise criait de toutes ses forces et se frappait la tête et les joues. Debout en face d'elle, un homme ajoutait ses coups à ceux qu'elle s'infligeait. Pétrifiés devant un tableau aussi effarant, les gens présents n'osaient intervenir.

Je ne pus me retenir d'interpeller un agent de sécurité et de lui demander de quel droit cet homme frappait ainsi une femme. Sur un ton qui ne révélait aucune inquiétude, l'agent me fit remarquer que cette querelle ne regardait que le couple. Elle venait d'apprendre la mort de son frère dont elle attendait l'arrivée, et lui voulait à tout prix qu'elle cesse de crier. Plusieurs touristes observaient la scène. Était-elle représentative de l'Égypte? Égarée dans mes sentiments contradictoires, je me précipitai vers la sortie de crainte d'ajouter au scandale en hurlant haut et fort la douleur de cette inconnue que je ressentais comme si elle était mienne.

La chaleur intense me saisit à la gorge. Tout avait un aspect énigmatique, mais vraiment fascinant. Même la peau des gens s'amalgamait à la couleur sable des rues et des immeubles. Je devais prendre un taxi pour me rendre à l'appartement que j'avais loué depuis Montréal. Aussitôt installée dans la voiture, je voulus engager la conversation avec le chauffeur et oublier ce premier contact surprenant avec l'Égypte. Déjà, il me détaillait grâce au rétroviseur et il fut le premier à me questionner en anglais, ayant peut-être déduit que j'étais européenne.

Dans tous les pays du monde, y compris l'Égypte, les comptoirs de fast-food sont populaires. Les PFK et les McDonald's offrent leur menu populaire à prix abordable, ce qui fait souvent l'affaire des indigents et des touristes pressés.

— Est-ce que vous venez de loin?
— Du Canada, mais je suis d'origine arabe.

Cette précision était aussi une précaution, car on m'avait mise en garde : les courses en taxi et les achats chez les commerçants étaient bien souvent plus onéreux pour les étrangers que pour les habitants du pays. Il était maintenant renseigné, ce pauvre chauffeur de taxi. Mais il ne perdit pas le nord pour autant.

— Vous venez de très loin. Est-ce la première fois que vous visitez notre pays?
— Non, je le connais très bien.
— Ah! Et que pensez-vous de l'Égypte, et des Égyptiens?

Pourquoi le décevoir? Après tout, je n'étais ici que quelques semaines.

— J'adore le pays, et les Égyptiens sont très sympathiques. C'est un peuple jovial. En plus, vous avez du soleil même en hiver. Quoi demander de plus?
— Il fait sûrement très froid au Canada, en ce moment. J'ai une tante qui habite là-bas, et elle nous raconte qu'en hiver la température peut descendre à vingt degrés sous zéro.
— Beaucoup plus parfois. Il peut faire trente sous zéro et, dans certains endroits, moins cinquante.
— Comment faites-vous pour supporter des températures pareilles? Je n'y arriverais pas.
— On s'y habitue, cher monsieur. Si on survit au premier hiver, le second est déjà moins pénible. Plus on vit là-bas, plus on s'y fait. Ça devient peu à peu normal. Et, croyez-moi si vous voulez, à la fin de l'été, l'hiver nous manque.

151

Il se mit à rire, lui qui devait se plaindre du froid du mois de janvier au Caire où la température moyenne est de douze degrés.

— Que venez-vous faire en Égypte, belle petite dame?
— Je viens en visite et, par la même occasion, mener une étude sur le mode de vie des femmes égyptiennes et leurs difficultés.

De nouveau, il éclata de rire.

— Les difficultés de la femme égyptienne? Vous devriez plutôt écrire sur nos difficultés à nous, les hommes. De nos jours, ce sont nos femmes qui commandent et qui ont oublié les lois de Dieu. Si vous vous penchez sur nos difficultés, vous apprendrez que la vie n'est plus ce qu'elle était. Finie l'époque où l'homme était maître chez lui. Nous sommes sous un règne dirigé par des reines et les rois ont été détrônés.
— Et, selon vous, quelles sont ces difficultés? Je suis bien curieuse de le savoir.
— Voyez-vous, madame, de nos jours l'homme n'est plus libre de faire ce que bon lui semble.
— C'est-à-dire?
— S'il veut se remarier, par exemple, il ne peut plus le faire sans l'accord de sa première femme. Et si elle ne lui donne pas cet accord, impossible de vivre en paix. Il devra supporter sa mauvaise humeur permanente ou il devra divorcer.
— Et pourquoi voudrait-il se remarier? J'ai du mal à comprendre le point de vue des hommes d'ici.
— Mais bien sûr que vous avez du mal à saisir ça, puisque vous êtes une femme.
— Précisément, et c'est pourquoi je peux les comprendre.
— Ce sont les lois de Dieu, pas les miennes. Je ne

les ai pas inventées. Chez nous, nos grands-pères ont été maîtres dans leur maison, nos pères aussi et maintenant cela devrait être la pratique de ma génération. C'est Dieu lui-même qui l'a ordonné.

— Vous voulez dire que Dieu vous ordonne de vous marier plusieurs fois? Je sais qu'Il ne l'ordonne pas, mais qu'Il le recommande en cas de nécessité. Et Dieu demande aussi de ne jamais chasser votre femme de chez elle si vous deviez divorcer.

— Vous rigolez? La maison est à nous, car ce sont les hommes qui travaillent dur pour bâtir un chez-soi. Si vous voulez qu'on le laisse à nos femmes, où irons-nous après?

— Vous voyez, ce n'est pas Dieu que vous écoutez, mais votre propre intérêt.

Je venais à peine d'arriver et voilà que je m'énervais déjà. Je commençais à redouter mon séjour. La sagesse me conseilla d'écouter cet homme jusqu'à la fin.

— L'imam nous prêche de nous marier plusieurs fois, car il y a des femmes qui ne se marient pas, faute d'hommes.

— Mais vous, monsieur, avez-vous les moyens d'avoir deux femmes, la charge de deux maisons et une kyrielle d'enfants?

— Je suis un homme, et je suis capable d'avoir deux femmes, même trois ou quatre.

Comme c'était facile! Son apparence démentait ses propos et révélait plutôt les difficultés qu'il éprouvait à trouver même son pain quotidien.

— Vous savez, ici, les hommes sont de vrais hommes, et une seule femme ne leur suffit pas.

Sur ce, il éclata de rire.

— Si votre femme désapprouve votre décision, que ferez-vous?

— Je pourrais lui dire que la porte ouverte pourrait aussi bien laisser passer un chameau. Mais je ne le ferais pas à cause des enfants. J'aurais absolument besoin de son accord, car je craindrais la colère de Dieu. Et, après tout, le Coran nous enseigne que les hommes sont plus forts que les femmes. C'est pour cela qu'il nous reconnaît le droit d'avoir plusieurs épouses. Sinon, pourquoi n'aurait-il pas donné cette force aux femmes?

— Que voulez-vous dire par là?

— Dieu a ordonné à la femme de suivre l'homme dans toutes ses décisions. De toute façon, il ne fera jamais rien qui puisse lui nuire.

— C'est ainsi que vous traduisez la parole de Dieu?

— Certainement. L'homme propose et la femme dispose, telle est Sa volonté.

L'homme arrêta net de parler, car il savait que je ne l'écoutais plus et que ses propos désormais m'indifféraient. Grâce au rétroviseur, je compris que mon retrait soudain ne lui plaisait pas.

Dehors, les paysages tristes et fades offraient malgré tout un aspect captivant, comme les femmes ensevelies sous de longs vêtements noirs. Ployant sous la chaleur et le poids des paniers en équilibre sur leur tête, elles affichaient un regard triste. Des hommes en costume et cravate flânaient sur les terrasses des vieux cafés devant leur narguilé, la *chicha*, comme on le désigne en arabe. Ils aspiraient de profondes bouffées qu'ils rejetaient ensuite par le nez. Entre les deux sexes, le contraste était saisissant.

Des images empruntées à mes premières rencontres avec l'Algérie, alors que toute petite j'arrivais de France avec mes parents, s'entremêlaient à ces paysages cairotes. Là-bas comme ici, le temps semblait s'être arrêté au point de faire paraître l'endroit surréaliste. Des nuées d'enfants couraient dans les rues en l'absence de surveillance policière. La chorégraphie des déplacements semblait parfaitement anachronique, tout à fait désordonnée, alors qu'aucun arrêt ni feu de circulation n'apparaissait aux intersections. La rue était encombrée d'ânes traînant des charrettes bondées d'enfants et de chargements divers, elle grouillait de motocyclettes transportant des familles entières, sans casques protecteurs, faut-il le préciser! Je m'enquis auprès du chauffeur de taxi, devenu à son tour silencieux :

Un moyen de transport inexistant au Québec. Ces charrettes tirées par des ânes, des mulets ou des chevaux pullulent dans les rues de la capitale égyptienne à travers les véhicules motorisés. Je me demande encore où sont logées, une fois la nuit venue, toutes ces bêtes au centre d'une ville dont la population dépasse les dix-sept millions d'habitants.

— Est-ce habituel, ce mode de transport?

— Bien sûr. C'est normal qu'un homme qui n'a pas les moyens d'acheter une auto transporte sa tribu sur sa mobylette ou à dos d'âne.

Leçon d'humilité à l'Occidentale que j'étais, en dépit de mes origines arabes. Ce qui paraissait invraisemblable à mes yeux semblait normal aux siens. Nous vivions dans des mondes différents, à une même époque pourtant, et ma capacité de compréhension avait ses limites. J'admis volontiers ce désavantage.

Ma présence parmi ces femmes couvertes d'un voile noir exerçait chez elles une forte attraction. Elles me regardaient toutes et criaient en me tendant la main :

— Tu es jolie comme le miel.

Pour être triste, le spectacle n'en était pas moins fascinant. Je voulais aller à la rencontre de chacune, les prendre toutes avec moi et les protéger. La plupart présentaient un visage ridé et fatigué. Pourtant, j'en étais sûre, elles étaient plus jeunes que moi. La misère les avait mûries et vieillies prématurément.

Cette intuition allait bientôt m'être confirmée par la femme du portier de l'immeuble où j'avais loué un appartement. À ma question indiscrète sur son âge, elle répondrait :

— Je suis vieille. J'ai quarante-six ans. Ma vie achève.

Sachant que mes paroles seraient vaines, je tenterais quand même de la rassurer :

— Vous êtes trop jeune pour penser à la mort et la vie vous appartient. Chez nous, les femmes s'épanouissent précisément à votre âge.

Elle rirait en ajoutant que la vie dure et pénible qu'elle menait lui faisait presque désirer l'au-delà.

Dans ce pays, je le constaterais bientôt, une femme trentenaire rejoint le camp des femmes âgées. Dès lors, les hommes les ignorent ou, dans le meilleur des cas, les regardent d'un tout autre œil. Ils n'ont alors plus qu'un désir : se rassurer sur leur pouvoir de séduction en redorant leur virilité auprès d'une femme plus jeune et plus jolie. Si l'épouse avait un peu de chance, ils ne divorçaient pas, mais elle devait s'accommoder de cet état de fait. À la moindre contrariété, le mari pouvait lui indiquer la porte de sortie.

Derrière chaque voile, il y avait un visage beau ou laid, mais surtout une âme remplie de secrets. Je regardais ces femmes voilées et elles me regardaient. Plus que tout, j'aurais voulu m'enquérir auprès de chacune de ses besoins, de ses désirs. Comment les aider ? Le peu de moyens dont je disposais me renvoyait à un sentiment d'impuissance difficile à tolérer. Et quel droit m'autoriserait à m'introduire dans leur vie et le mystère de leur destinée ?

Je me souvenais : quand j'étais ainsi dépouillée de tout, j'aurais tant voulu qu'une femme se présente à moi et m'offre son aide ! Que dans un geste rédempteur elle m'emmène au loin, à l'abri de la folie, avec mes enfants. J'aurais de bon gré donné la moitié de ma vie pour croiser pareille âme sur les chemins du désarroi et de l'errance.

Mais la vie n'était pas un feuilleton de télévision, comme me le répétait si souvent ma mère, et elle était avare de ce genre de miracle.

« Réveille-toi, Samia. C'est ça, la vraie vie. Tu es sauvée, toi, mais crois-tu vraiment pouvoir sauver le monde? »

Le chauffeur de taxi continuait à soliloquer. Mon esprit avait déserté la conversation depuis un bon moment.

— Madame, vous semblez distraite!

— Je vous écoute, mais j'observe les rues si animées en même temps.

— C'est un beau pays, non? fit-il en cherchant mon approbation dans le rétroviseur.

— Très beau. J'observe aussi les gens, surtout les femmes.

— Il n'y a rien à voir chez nos femmes, car elles ne sont pas comme vous.

— Ah non?

— Elles ne sont pas aussi jolies, ni aussi sophistiquées.

— Toutes les femmes sont belles, monsieur. Mais leurs responsabilités ici me semblent très lourdes. En fait, elles accaparent tout leur temps. C'est bien difficile d'être sophistiquée dans ces conditions.

— Ici, chère dame, ce n'est pas comme chez vous. Nos femmes ne se parent qu'à la maison, pour plaire à leur mari. Vous croyez que je laisserais ma femme sortir maquillée, coiffée et habillée comme vous? Jamais!

— Vous voulez dire que ce n'est pas correct d'être ainsi?

— Loin de moi cette idée. Mais chaque pays a ses traditions. Nos femmes, on les cache et on préfère regarder celles des autres.

À nouveau il partit d'un grand éclat de rire. C'en était trop. Ma tolérance fit place à une sorte de répugnance mêlée d'un soupçon de dégoût. Que vivement je puisse quitter ce maudit taxi et que cet homme disparaisse!

Lorsque nous fûmes arrivés à destination, le chauffeur m'aida à porter mes bagages, malgré son irritation. J'étais exténuée et à cet instant je ne souhaitais qu'une chose, dormir. À la porte de l'immeuble, un homme et une femme d'âge mûr se précipitèrent vers moi.

— Soyez la bienvenue, madame, firent-ils en me serrant la main.
— Merci de votre hospitalité. Êtes-vous les propriétaires de l'appartement?
— Nous ne sommes que les portiers, madame. Nous allons vous accompagner chez madame Mona, la propriétaire.

L'homme s'empara de ma valise et la jeta d'un coup sec sur ses épaules.

— Ne faites pas ça. Elle est trop lourde.
— Ne vous inquiétez pas, madame, j'ai l'habitude.

La femme, quant à elle, prit mon portable et un sac d'articles divers achetés dans les boutiques hors taxes à l'aéroport de Montréal.

Pour ces gens, une dame de la société ne devait rien porter, ni se fatiguer d'aucune manière. Dans ce pays, les vêtements et les comportements des gens trahissaient leur situation sociale de façon plus marquée qu'à Montréal. La majorité des résidants étant très pauvres, ils auraient fait n'importe quoi pour obtenir un modeste pourboire. Alors que nous montions, la femme s'adressa à un adolescent à travers une petite porte, sous les escaliers. Je conclus que la famille habitait cette unique pièce. En haut des marches, la propriétaire surgit et s'exclama:

— Bonjour. Vous êtes Samia. Bienvenue!

La femme de petite taille portait un voile blanc et des lunettes rondes qui affichaient son appartenance à la classe moyenne. Elle parlait très vite. Exténuée par ce long voyage, j'avais du mal à la suivre.

— Voilà les clés. Faites comme chez vous. Si vous avez besoin de quoi que ce soit, voici oncle Mohammed et sa femme. Ils sont à votre disposition et se feront un plaisir de vous aider.

En bref, ce couple pouvait aller à l'épicerie, porter mon linge à la buanderie ou même faire mon ménage. Je n'avais qu'à sonner et j'avais des serviteurs à ma disposition, une idée qui me mettait mal à l'aise.

Je compris plus tard que le couple âgé trouvait son compte dans cette affaire, car ainsi ces deux-là pouvaient subvenir à leurs besoins dans un monde qui ne leur laissait que peu d'alternatives. En tout cas, à défaut de pouvoir venir en aide à ces gens, ce calcul me donnait bonne conscience.

Ce soir-là, je m'effondrai sur le grand lit de la chambre principale en oubliant ma faim. Avant d'être happée par le sommeil, j'eus le temps d'anticiper le plaisir que j'aurais à explorer cette ville légendaire.

Photo du Caire avec vue sur une mosquée.

Quand manger est un privilège

Au petit matin, les cris d'enfants jouant dans la cour m'arrachèrent à mes rêves. J'ouvris des yeux incrédules sur un décor qui me laissait sans voix : moi, Samia, seule dans ce monde si différent, loin, si loin!

En joie, je riais de ce jeu nouveau auquel j'allais me prêter avec insouciance. Encore en pyjama, j'étais tout juste sortie sur le balcon qu'aussitôt les hommes attablés au restaurant d'en face m'avaient repérée. Je refermai sans ménagements la porte-fenêtre pour ne pas entendre leurs sifflements.

Je quittai l'appartement peu après pour aller prendre un petit déjeuner. Sur la rue, hommes et garçons confondus sifflaient et m'interpellaient. Les femmes, elles, me dévisageaient. Ces attitudes me laissaient perplexe, comme les expressions qu'ils utilisaient pour me draguer et que je n'avais jamais entendues auparavant. Tout cela promettait quelques situations cocasses.

Avec candeur, je demandai à un très jeune homme de m'indiquer un café tranquille où prendre mon petit déjeuner. Que j'allais regretter ce geste naïf!

Le jeune homme m'expliqua comment me rendre à un café proche, mais du même souffle il insista pour m'y accompagner. Il portait encore la marque de l'adolescence; il me suivait en plaidant qu'il voulait être mon ami. Les hommes de ce pays étaient-ils tous aussi tenaces?

Sans crier gare, une camionnette blanche s'arrêta devant nous. Deux hommes en descendirent.

— Est-ce que ce jeune homme vous embête, mademoiselle? s'exclama l'un d'eux, tandis que l'autre retenait le tout jeune homme par l'épaule.

Ces hommes appartenaient au service de la sécurité nationale. Je protestai :

— Non, il m'indiquait où trouver un café.

Le jeune homme me lança un regard étonné qui traduisait sa reconnaissance. L'un des hommes exigea de voir ses papiers.

— Je peux partir, maintenant? fis-je.
— Bien sûr. Et ne vous inquiétez surtout pas. Ce n'est qu'un contrôle de routine.

La conscience tranquille, je cherchais encore le café quand, avec surprise, je m'aperçus qu'un des deux hommes de la sécurité se trouvait toujours derrière moi. Sans la moindre hésitation, je l'interpellai :

— Me suivez-vous, monsieur?
— Oui, je veux m'assurer que personne ne vous importunera.
— Ah bon! Et vous allez me suivre ainsi pendant tout mon séjour?
— Je ne demande que ça, fit-il dans un éclat de rire presque impertinent.

— Ça ne me fait pas rire. Je suis venue dans ce pays pour me reposer, pas pour être dérangée à tout bout de champ.

— Quand on est jolie et seule ici, il faut s'attendre à être dérangée, mademoiselle.

Voilà! C'était le fin mot et la vérité crûment exprimés : une femme n'avait pas le droit d'être seule, sinon pour se faire draguer.

Cette mentalité masculine, pour ne pas dire machiste, semblait être la norme dans ce pays. Prendre un taxi ou déambuler sur la rue sans être incommodée par des requêtes diverses, allant de la simple proposition de rendez-vous à la demande en mariage, relevait presque de l'exploit.

Imbus d'une supériorité si profondément ancrée en eux, ces hommes ne pouvaient comprendre que leur attitude me choquait. Quelques tentatives pour m'expliquer se révélèrent vaines et à chaque fois je frappai un mur. Le mur des traditions. Invariablement, ils rétorquaient que le seul défaut d'un homme était d'avoir les poches vides. En d'autres termes, si un homme pouvait nourrir une femme, il obtenait le droit intrinsèque de la posséder.

Lorsque j'entrai dans le café, toute la clientèle me détailla de la tête au pied. Déjà, je commençais à m'y habituer et, sans plus prêter attention à leurs regards insistants, quasi indiscrets, je choisis une table.

Une jeune et jolie serveuse m'inspira confiance et je voulus en savoir davantage sur la signification réelle de ces regards appuyés et de la drague ouverte dont tous ces messieurs prétendaient m'honorer.

— C'est parce qu'on voit tout de suite que vous êtes étrangère. Ils prennent des libertés qu'ils ne s'autoriseraient pas avec une Égyptienne.

— Ils se croient tout permis avec une étrangère, c'est cela?

— Oh oui, c'est sûr. Vous représentez tout pour un homme d'ici. À la télé, c'est ce qu'on nous montre sur les chaînes étrangères. En plus, les jeunes femmes d'ici ne couchent pas avant le mariage.

— Chez nous non plus, une femme ne couche pas avec n'importe qui, n'importe quand, m'indignai-je.

— Je sais, madame, mais allez donc faire entrer cette idée dans la tête dure de nos hommes.

— Merci, vous m'avez éclairée.

La jeune fille retourna à ses tâches et j'en profitai à mon tour pour regarder avec discrétion ce qui se passait autour de moi.

Il y avait des hommes et des femmes et certaines d'entre elles fumaient. Surprise, j'en conclus qu'en dépit de la mauvaise habitude que constituait la consommation de tabac, ce geste symbolisait de façon paradoxale un pas en avant. Il y avait quelques années, elles auraient été invectivées d'oser fumer en public, ou même interdites de séjour au café. Mais les femmes, ici, étaient l'exception, je m'en doutais bien.

La curiosité me dévorait. J'avais fait des plans pour mon séjour. Je comptais par exemple visiter les pyramides, qui sont situées très près du Caire, mais, une fois rendue ici, en Égypte, je me rendis compte que le tourisme traditionnel ne suscitait chez moi aucune envie et j'abandonnai tous mes projets. J'avais plutôt hâte d'errer dans les quartiers populaires et de voir ce qui s'y passait. J'avais eu la prudence de laisser

Khéphren, seconde grande pyramide du plateau de Gizeh, avec,
en avant-plan, quelques chameaux, que les touristes
peuvent utiliser pour en faire le tour.

à l'appartement bijoux et cartes de crédit et de ne
prendre avec moi que très peu d'argent. Une fois à
l'extérieur du café, je pris une autre décision, celle de
demeurer sourde aux réflexions des hommes et, bien
sûr, indifférente à leurs propositions.

Dans la rue, une femme assise par terre avec quatre
enfants autour d'elle et un nourrisson endormi sur ses
genoux attira mon attention. Je m'approchai d'elle et
aussitôt les quatre enfants me supplièrent d'une même
voix de leur donner de l'argent ou de la nourriture.

La mère allait se lever, mais, émue et peinée, je me
baissai pour lui serrer la main. Autant de misère faisait
peine à voir et plusieurs autres femmes mendiaient
dans l'indigence la plus totale.

— Que Dieu vous protège, madame, répétait-elle.

— Merci et que Dieu vous protège ainsi que vos enfants. Je peux savoir votre prénom et pourquoi vous êtes dans la rue? Vos deux grands enfants ne devraient-ils pas être à l'école?

— Je m'appelle Hania. Pour ce qui est de l'école, elle n'est pas faite pour des gens comme nous. Et, des gens comme nous, il y en a des milliers dans la rue.

— Je peux savoir pourquoi vous demandez la charité?

— Pour nourrir mes enfants. Il y a des jours où personne n'a pitié de nous. On passe donc la nuit dans la rue, le ventre vide.

Ces paroles et cette détresse avaient jadis été les miennes. Cette flopée d'enfants affamés et hagards était mienne aussi, car ils ressemblaient à mes petits. En essayant de contenir mes larmes, j'imaginais un monde qui m'aurait autorisée à l'instant à m'envoler avec cette femme et sa progéniture de l'autre côté de l'Atlantique pour les mettre à l'abri de cette misère intolérable.

— Où habitez-vous?

— Chez moi, c'est la rue. Depuis quatre mois, madame. Depuis que ce salaud de mari a décidé qu'il voulait se remarier. C'est à cause de leur mari que la majorité des femmes dans mon cas traînent dans la rue. Que ces maris soient tous maudits!

— Vous voulez bien me raconter un peu?

— J'habitais un appartement modeste avec lui et mes enfants. Nous étions mariés depuis plus de vingt ans. Un soir, il est rentré à la maison et il m'a annoncé que j'avais jusqu'au lendemain pour ramasser mes affaires et retourner chez mes parents.

La pauvre était sous le choc, mais elle s'était dit qu'il était ivre comme d'habitude et que, le lendemain, lorsqu'il retrouverait ses esprits, le cauchemar prendrait fin. Mais il était sobre et le véritable cauchemar commençait. Cris et pleurs, protestations et supplications n'y avaient rien changé. Sa détermination était de fer : femme et enfants devaient libérer la place et sa vie.

— Il était insensible même aux pleurs de ses propres enfants. Il n'avait qu'une obsession : que nous quittions l'appartement. Il m'a dit qu'il voulait se reposer. J'ai pris quelques affaires et je suis allée me réfugier chez mes parents. Ce n'était pas la première fois et cette situation les fatiguait.

De mauvais gré, ils avaient accepté d'accueillir la famille pendant quelques jours.

— Vous savez, la plupart des gens sont pauvres, dans ce pays, et les parents sont pressés de marier leurs filles.
— Seigneur! Et que s'est-il passé, ensuite?
— Comme il n'avait pas cherché à communiquer avec moi, j'ai décidé de retourner le voir à la maison. J'avais pensé qu'il allait mieux, à présent, et qu'il viendrait chez mes parents chercher les enfants. Comme d'habitude. Mais il n'avait pas donné signe de vie.

La pauvre femme s'était tue et s'était mise à pleurer.

— Ne pleurez pas, je vous en prie. Je n'aurais pas dû être aussi indiscrète.
— Au contraire. Personne ne m'a donné l'occasion de parler de ma misère et surtout personne ne s'est

donné la peine de m'écouter. Les femmes et les enfants dans la rue, c'est comme du chiendent. Ça pousse partout et il y en a de plus en plus. On n'a aucun endroit où aller.

— Il n'existe pas de centres d'hébergement pour les femmes en difficulté, dans ce pays?

— Ils sont pleins à craquer et les responsables ne s'occupent pas vraiment de nous, ni de nos enfants. Nos besoins passent en dernier. La plupart encaissent les subventions du gouvernement et laissent les femmes crever de faim. Je préfère rester dans la rue plutôt que d'être dans un endroit comme celui où est placée ma sœur.

— Votre sœur?

La femme se sentit gênée et au même moment le bébé se mit à pleurer.

— Je dois allaiter mon bébé. Il doit mourir de faim, le pauvre.

Elle le plaça sous son voile pour lui donner le sein.

— Même s'il tète, mon bébé a toujours faim. Mes seins sont vides. Je n'ai rien mangé depuis hier matin.

— J'aimerais tous vous emmener manger quelque part.

La femme leva la tête avec un étonnement qu'elle ne chercha pas à dissimuler.

— Vous êtes sûre, avec toute cette marmaille?

— Tout à fait sûre. C'est à moi que vous ferez plaisir.

— Nous ne sommes jamais entrés dans un restaurant. J'ai peur que les enfants se conduisent mal et que vous le regrettiez. Ils sont turbulents, vous savez.

— C'est vraiment le dernier de mes soucis. Je veux

que vous mangiez à votre faim et, si les enfants s'amusent, ce sera tant mieux.

Debout, la femme garda l'enfant sous son voile et je donnai la main aux deux plus petits. Quant au plus grand qui avait une dizaine d'années, il nous suivait avec un sourire heureux. Sa fraîcheur et son innocence me rappelaient mes trois petits champions. Bien que j'eusse tout vu et tout vécu de l'horreur, je n'arrivais pas encore à me mettre dans la tête que des adultes puissent faire tant de mal à des enfants. Comment un père, même s'il n'aimait plus sa femme, était-il capable de mettre ses propres petits, des bébés, à la rue? Mystère incompréhensible et inadmissible.

Dès notre arrivée au restaurant, le personnel s'approcha. Il n'avait manifestement pas l'habitude d'accueillir une clientèle comme nous. Je demandai une table de cinq places, ainsi qu'une chaise haute pour la petite. Perplexe, le garçon continua à nous regarder, l'air de s'interroger sur la provenance d'un groupe pareil.

— Suivez-moi, madame.

Les enfants nous emboîtèrent sagement le pas. Au contraire de ce que leur mère craignait, ils étaient très tranquilles.

— Je ne sais comment vous remercier, madame.
— C'est à moi de vous dire merci d'avoir accepté cette invitation.
— Je remercie le ciel, alors. C'est si rare de rencontrer des êtres comme vous.

Le serveur nous accompagna jusqu'à une grande

table et aida les enfants à s'asseoir. Les clients et les employés ne cessaient de nous jeter des coups d'œil. Quant à moi, je les ignorais, tout à la joie de partager le réel bonheur de ces petits. Je me jurais que ce ne serait pas la dernière fois.

Devant les remerciements embarrassés de la mère, la tentation me vint de lui raconter qu'un jour, dans un pays riche et prospère comme la France, j'avais vécu le même désarroi et subi le même sort qu'elle. Mais je venais de l'étranger et, dans sa conception de ce pays lointain et bon pour les femmes, il était impossible de souffrir. Briser ses illusions n'aurait servi à rien. J'étais l'incarnation de son rêve.

— Je me mets à votre place. Si c'était le cas, j'aimerais que quelqu'un me vienne en aide.
— Vous êtes si bonne, madame! répondit-elle en essuyant à nouveau ses larmes. Je crois que c'est Dieu qui vous envoie.
— Ne pleure pas, maman, la pria le plus grand qui lui aussi avait peine à retenir ses larmes. La dame est gentille et nous allons manger de la viande, je crois.

Autant les mamans ressentent la peine de leurs enfants, autant les enfants ressentent celle de leur maman. Cette symbiose affective est universelle.

Le garçon revint s'enquérir des plats choisis et ne tarda pas à nous servir. Les enfants étaient aux anges. Ils essayaient sans trop de succès de manger avec leur fourchette. Poulet et frites au menu les autorisaient à manger avec leurs doigts, ce qu'ils n'hésitèrent pas à faire immédiatement après avoir reçu mon accord. Tout le monde mangea à sa faim, avec appétit.

La fin du repas s'étirait autour d'un thé. Pendant que les enfants s'amusaient ensemble, j'en profitai pour demander à la jeune femme de me raconter la suite des événements. Sa triste histoire ajoutait une preuve supplémentaire, comme s'il en fallait encore, de l'égoïsme masculin incurable. Entre leur bien-être et celui de leurs proches, certains hommes musulmans choisiront le leur.

L'adage « les femmes et les enfants d'abord » semble inconnu en Égypte. Le contraire est visible tous les jours et dans toutes les rues.

La femme relata sa visite à son mari prétendument plongé en pleine réflexion existentielle. Elle allait se heurter à la porte verrouillée de son propre appartement dont la clé n'entrait plus dans la serrure. Une autre jetée à la rue, comme un torchon qui avait trop servi.

Après avoir frappé de toutes ses forces, son mari vint enfin lui ouvrir. Derrière lui se profilait une jeune femme de l'âge de sa fille. Elle revêtait une chemise de nuit blanche. Toute explication aurait été superflue.

— Tu es répudiée, dit l'homme sur un ton sans réplique. Reviens chercher tes affaires et celles des enfants demain. Je n'en veux plus chez moi.

Trois misérables mots : tu es répudiée! Cela avait suffi à faire de cette épouse et mère une femme de la rue. Sa peine immense demeurait palpable. La pilule était toujours dure à avaler, même si un peu de temps avait passé. Je la pris dans mes bras et tentai d'apaiser sa douleur, à défaut de pouvoir la lui faire oublier. Les enfants désemparés s'étaient tus; ils nous surveillaient avec attention. La plus petite avait bien évidemment fondu en larmes, craquant à son tour devant le chagrin de sa maman.

— Calmez-vous, je vous en conjure. Ne pensez qu'à vos enfants. Un jour, tout cela ne sera plus qu'un très mauvais souvenir.

— Ici, on vit dans une réalité qui ne change jamais. Je suis une femme. Comme si ce n'était pas déjà assez lourd à porter, je suis une femme répudiée. Aussi bien dire que je ne suis plus rien. Après la répudiation officielle, je suis retournée dans ma famille qui m'a lancé un ultimatum : « Tu as jusqu'à demain pour trouver une solution. » Le lendemain soir, mes parents nous ont tous mis à la porte.

Comment était-ce possible, au XXIᵉ siècle, qu'un système social tolère pareille injustice ? Cette question bien loin de ses pensées dans ce moment de confidences, la femme poursuivait son récit.

— J'ai mis de côté mon amour-propre et je suis retournée chez lui, en espérant qu'il aurait au moins pitié de ses enfants. Pensez-vous ? Il a une pierre à la place du cœur et il nous a chassés une seconde fois. Depuis, nous vivons nuit et jour dans la rue. Et encore, le printemps et l'été, ça peut aller. Le pire est à venir, l'hiver... et l'avenir.

À bout de nerfs, la femme sanglotait à nouveau. Je ne savais comment la réconforter. J'aurais donné la moitié de mon avoir pour la secourir. Mais, la moitié de rien, c'est bien peu.

— Écoutez-moi. Je vous promets de faire tout ce qui est en mon pouvoir pour vous aider.
— Êtes-vous un ange descendu du ciel ?

174

— Vous voulez rire? Je ne suis qu'une femme comme vous qui a des enfants et qui en connaît long sur les souffrances que vous traversez. J'ai croisé des êtres qui m'ont aidée et c'est à mon tour de rendre ce qui m'a été donné.

— Peu de personnes ici feraient ce que vous faites pour nous. Dans ce pays, c'est la loi du plus fort. La loi du plus riche contre le plus pauvre, la loi de l'homme contre la femme. Ma sœur Safia et ses enfants se trouvent ni plus ni moins internés à l'hôpital psychiatrique, alors qu'elle n'a rien d'une folle.

La femme résuma l'histoire de sa sœur dont le refrain connu devenait insupportable à force de se répéter. Elle se trouvait là parce que son mari était mort et que la première femme de son mari, ainsi que ses enfants, l'avaient mise à la porte immédiatement après le décès, avec sa progéniture à elle. Désemparée et ne sachant où aller, elle avait fait appel à un ami de son mari qui lui avait trouvé une place à cet hôpital.

— Pourquoi n'allez-vous pas demeurer avec elle?

La femme frappa sa tête en signe de malédiction et m'avoua :

— Que le mauvais sort reste loin de nous, madame! Je n'irai jamais là-bas. Allez jeter un coup d'œil sur ce qui s'y passe; vous serez bien surprise.

Quelle autre honte renfermaient les murs de cet hospice qui abritait femmes et enfants pour leur éviter la rue?

— Une fois par mois, je rends visite à ma sœur et lui apporte de la nourriture. Ma misère n'est rien en comparaison de la sienne.

Après avoir raccompagné Hania et ses enfants au coin de rue où ils mendiaient, je les quittai le cœur en écharpe, mais avec une volonté qui ne se démentirait pas. Je chercherais avec cette femme une solution durable à son calvaire et à celui de ses enfants.

Rentrée à l'appartement, je ne pouvais m'arrêter de penser à la sœur de Hania et à cet hôpital qui ne semblait pas être la solution idéale. Pourquoi une femme saine d'esprit était-elle placée à l'hôpital psychiatrique? Cette nuit-là, il me fut impossible de trouver le sommeil et j'attendis l'aube avec impatience.

« N'y pense plus, Samia. Endors-toi. Demain, tu auras tout le temps d'y réfléchir. »

J'éprouvais une réelle impatience. Je voulais tout régler sur-le-champ, j'avais un désir dévorant de sauver le monde, comme si, en faisant mes comptes, j'étais redevable à la société d'être sauve et que j'avais une dette à rembourser. Dans un mélange de réactions en chaîne, une pulsion me rappelait constamment que j'étais enfin tirée d'affaire et qu'il me revenait à présent de sauver les autres. J'avais l'impression que j'avais une mission à accomplir, qui maintenant m'habitait en permanence.

Tant et si bien que le sentiment d'urgence qui s'infiltrait dans mon ventre de façon lancinante ne me laisserait aucun répit, aussi longtemps que je n'aurais pas trouvé la solution que je cherchais pour ma nouvelle protégée.

La folie pour un abri

Le matin venu, j'avalai un café dans la fébrilité et hop! j'étais déjà dans un taxi en direction de ce lieu rempli de mystères, l'hospice dont m'avait parlé Hania. Au chauffeur qui m'accueillit par un aimable *Welcome to Egypt*, je répondis en arabe afin de vite lui couper une quelconque tentation de faire un peu de sous avec le portefeuille d'une étrangère.

— À l'hôpital psychiatrique du centre-ville, s'il vous plaît.

— L'hôpital psychiatrique? fit-il sans cacher son étonnement. Qu'est-ce qu'une charmante étrangère comme vous irait faire dans cet endroit sordide?

Sombres pensées et mauvais présages me vinrent à l'esprit. Qu'allais-je encore découvrir chez ces femmes mises au ban de la société pour le seul motif qu'elles avaient été abandonnées sans autre ressource pour se mettre à l'abri qu'un refuge décrié de tous?

Les sanglots du chauffeur de taxi me ramenèrent à la réalité.

— Que se passe-t-il, monsieur?

— Ça ne va pas. Ma mère est gravement malade et je dois sans faute lui procurer un médicament qui

177

coûte très cher avant ce soir à vingt et une heures, dit-il en essuyant ses larmes.

D'emblée, je lus dans son jeu, pas très subtil, destiné à m'extorquer un maximum de fric. Bien d'autres pièges, sans doute, guettaient les gens venus d'ailleurs.

— Je vais vous donner ce que je peux, plus le prix de la course.

— Vous allez me donner combien? demanda-t-il en gémissant.

— Vingt livres, plus ce que je vous dois.

— Vingt livres? Mais il m'en faut au moins mille, madame. Ce médicament est hors de prix et, si je ne le lui donne pas avant ce soir, elle risque de mourir.

— Il me reste peu d'argent. Si vous n'en voulez pas, je vais le garder.

— D'accord, c'est bon, je vais les prendre, m'interrompit-il sur un ton si frustré qu'il en paraissait méchant. Vous êtes rendue.

— Voici ce que je vous ai promis et prompt rétablissement à votre mère.

Les prédateurs sévissaient partout. Je m'en tirais à bon compte parce que j'avais appris à les détecter. Autrement, je me serais laissé attendrir par les pleurs de cet homme et j'aurais sûrement cédé.

En m'approchant du lieu, j'appréhendais ce que tout le monde refusait de voir. Ce bâtiment avait l'allure d'une véritable prison. Deux policiers montaient la garde devant la porte. Ils me détaillaient tout en chuchotant entre eux, tandis que je leur laissais croire que je ne m'apercevais de rien. Je m'approchai et l'un d'eux me souhaita la bienvenue en anglais.

— Bonjour. Je parle arabe. J'aimerais visiter Safia el Omari.

Les policiers s'interrogèrent du regard et l'un d'eux finit par me répondre.

— Avez-vous une pièce d'identité?

Je sortis mon passeport, et tous deux se mirent à l'examiner en détail.

— Ainsi, vous venez du Canada? conclut l'un des policiers, plus détendu à la vue de ma provenance. Et qu'est-ce qu'une charmante Canadienne vient chercher ici? Savez-vous au moins ce qu'est cet établissement?

— Parfaitement. Un hôpital psychiatrique, comme partout dans le monde.

— Au Canada aussi?

— Mais oui.

— En tout cas, sûrement pas comme celui-ci, dit-il en soupirant et en adressant un regard entendu à son collègue.

Le policier me remit mon passeport et me demanda d'attendre un moment. Il se déplaça vers un cabanon pour y donner un coup de téléphone. Je l'entendais échanger avec un supérieur à mon sujet. Quelques minutes après, il revint.

— Voici votre laissez-passer, mais soyez très prudente. Une infirmière restera à vos côtés jusqu'à la fin de votre visite. Ce sont les ordres de mes supérieurs.

Laissez-passer en main, je me dirigeai vers l'entrée

et, une fois à l'intérieur, une grosse femme portant un tablier blanc, l'infirmière chargée de m'accompagner, s'avança vers moi.

— Vous êtes bien la dame qui vient du Canada? s'enquit-elle en arborant un large sourire.
— Bonjour. C'est moi, en effet.
— Madame, je vais vous demander de rester très près de moi et de ne pas trop vous laisser approcher.
— Et pourquoi donc?
— Ça pourrait être très dangereux. Nos pensionnaires n'ont pas l'habitude de voir des femmes comme vous, et encore moins des étrangères.

L'endroit me paraissait lugubre et je commençais à ressentir une certaine peur. Les murs semblaient avoir été refaits, mais ils étaient d'une saleté repoussante. Au fur et à mesure qu'on avançait dans le long couloir, j'entendais des gémissements de femmes et des pleurs d'enfants.

— Ne vous approchez pas trop des portes, me prévint l'infirmière. On ne voudrait pas qu'il vous arrive une malchance.

Avant de me laisser entrer dans la salle commune, elle appela du renfort. Deux autres infirmières se joignirent à nous.

— Placez-vous derrière nous, s'il vous plaît.

J'écoutais les instructions de l'infirmière et, contrairement à ma fâcheuse habitude de toujours poser des questions, j'exécutais ses ordres sans discuter.

L'infirmière ouvrit la porte devant un spectacle macabre, le terme n'est pas trop fort. Pires que des bêtes dans un chenil mal entretenu, femmes et enfants s'entassaient, brisés et vidés de tout espoir, dans une pièce sale où l'air était irrespirable.

Mon corps n'avait pas assez de larmes pour exprimer la révolte qui grondait en moi. Je me devais pourtant de rester calme, car j'avais peur que les infirmières se rendent compte de mon désarroi et me sortent de là au plus vite.

« Cache tes émotions si encombrantes et reste lucide, Samia. Sinon, ce sera la dernière fois que tu mets les pieds dans cet endroit. »

— Safia, approche, dit l'infirmière à une jeune femme allongée à terre avec deux enfants à ses côtés.

La jeune femme étonnée se leva et enleva le bébé qui tétait son sein. Elle posa un regard direct et franc sur moi, tandis que les autres femmes s'approchaient. L'une d'elles s'était mise à me dévisager et à me toucher les cheveux. L'infirmière la poussa en lui ordonnant de se tenir éloignée.

Safia me demanda qui j'étais et ce que j'attendais d'elle. Je lui expliquai que je venais de la part de sa sœur et que je tenais absolument à voir ce dont elle et ses enfants avaient besoin.

— Chanceuse Safia! Dieu t'aime! crièrent certaines femmes internées avec elle.
— Je ne sais pas quoi vous dire, madame, ni comment vous remercier de vous être déplacée jusqu'ici. Ce que j'aimerais, c'est que nous puissions manger de la viande. Et aussi avoir des couvertures pour la nuit.

Safia baissa les yeux, en attente de ma réponse. Impuissante, je la regardais, ainsi que toutes ces femmes et leurs nombreux enfants prisonniers de ce lieu qui leur servait de logis. Une forte odeur de sueur saturait la pièce sombre où régnait un grand désordre. Les femmes et les enfants couchaient à même le sol, sur de minces matelas, sans rien d'autre pour s'abrier que de vieux draps sales et déchirés. Mais comment pouvait-on laisser vivre des femmes et des enfants dans un fatras aussi indescriptible, comme des animaux? Quel était donc le tort de ces femmes? Répudiées? Abandonnées? Ou bêtement victimes d'un amour qui s'est éteint?

— Combien de personnes vivent dans cette pièce? demandai-je en me ressaisissant.

— Nous sommes quinze femmes et trente-six enfants, répondit Safia.

— Avez-vous l'intention d'apporter de la nourriture à tout le monde? s'enquit une jeune femme qui allaitait aussi son enfant.

— Avec l'aide de Dieu, je vais essayer de toutes vous nourrir.

Je venais bien doucement de m'engager sur une voie difficile. Dans quel pétrin m'étais-je encore mise? J'avais envie de me botter les fesses. C'est bien beau de vouloir changer le monde, mais encore fallait-il des sous. Beaucoup de sous. Je ne devais pas être la seule à désirer avec ardeur un monde plus juste, un monde dans lequel des êtres humains ne souffriraient plus des gestes ou des décisions d'autres êtres humains. Les changements profonds n'avaient-ils pas d'abord pris naissance dans un rêve?

La dure réalité m'arracha à ce songe gonflé de

faux espoirs. Avant de perdre pied devant un si triste spectacle, je m'adressai à l'infirmière en me détournant de ce tableau désolant.

— À qui m'adresser pour acheter de la nourriture à tout le monde présent dans cette pièce?
— Vous rendez-vous compte du coût d'un tel achat? s'exclama l'infirmière, étonnée. Au moins deux cents livres[2].
— Peu importe. Ce soir, tout le monde va manger à sa faim.

Les femmes se mirent à se regarder les unes les autres avec un sourire aux lèvres. J'étais heureuse de les voir sourire ainsi à la simple résonance du mot nourriture.

Voyez un peu la différence entre elles et nous. Dans notre société bien nantie, il nous en faut tellement plus pour être comblé! Nous possédons beaucoup, y compris souvent l'amour, et il est pourtant rare que nous nous sentions satisfaits.

— Tenez, voici deux cent cinquante livres. Allez chercher de la viande et du riz.

L'infirmière se retourna vers le portier qui partit sur-le-champ. La majorité des enfants s'installèrent dans un coin de la pièce pour jouer et les femmes commencèrent à chuchoter entre elles. Quant à Safia, elle s'approcha de moi:

— Où avez-vous connu ma sœur?

2. Environ quarante dollars canadiens.

— Dans la rue. Je lui ai parlé, et elle m'a raconté son histoire et la vôtre.

— Ma chère Hania, je me demande comment elle arrive à vivre avec ses enfants dans la rue. Je préfère être dans cet asile de fous. Au moins, nous avons un toit sur la tête.

— Tu sais, Safia, ta sœur préfère la rue à cet endroit. Chacune a sa manière de voir les choses.

— Nous étions si heureuses de vivre, avant. Si je n'avais pas mes enfants, il y a longtemps que je ne serais plus de ce monde. Que pouvons-nous espérer de cette vie? Dites-le-moi!

Safia se mit à pleurer. Ses enfants se regroupèrent autour d'elle comme pour la protéger. J'étais désarmée devant une telle détresse et mon seul pouvoir se résumait à leur offrir à manger et à calmer leurs larmes. Rien d'autre.

Peu après, le portier revint les bras chargés de victuailles. La vue et les odeurs de la nourriture illuminèrent les visages. La grande pièce sombre l'était un peu moins et les odeurs âcres disparurent comme par enchantement.

Tout le monde se précipita et les paquets se retrouvèrent sur le sol. Femmes et enfants se bousculaient et se battaient pour ramasser un peu de nourriture à même le plancher. Je n'avais jamais assisté à une telle cohue; l'instinct de survie emmêlé à une faim insatiable l'emportait sur toute autre considération.

Je vis Safia s'empresser d'attraper une bonne portion de nourriture et se diriger vers un coin tranquille, là où elle pourrait manger en paix avec ses enfants.

— Voyez ce qui se passe quand on leur offre de la bonne nourriture! fit remarquer l'infirmière sur un ton de reproche. Il va falloir tout nettoyer, à présent. Il faut toujours les laisser comme elles sont.

— Vous croyez qu'il est normal que des femmes vivent dans des asiles comme des animaux parce qu'elles ont été répudiées? criai-je à la face de l'infirmière.

Elle brûlait d'envie de répliquer, mais craignant ma colère elle préféra se taire.

— Je reviendrai après-demain avec des couvertures, dis-je en sortant. Et de la nourriture aussi.

Dans l'énervement, j'allais oublier Safia. Je fis demi-tour.

— Au revoir, Safia. Avez-vous un message à transmettre à votre sœur?

— Remerciez-la de vous avoir envoyée ici et embrassez-la. Elle me manque beaucoup.

— Je le lui dirai. Prenez bien soin de vous et de vos enfants. Au revoir.

En jetant un dernier coup d'œil sur l'endroit, je vis un aussi triste tableau qu'à mon arrivée. Il régnait à présent dans la salle un immense désordre, des restes de nourriture jonchaient le sol, alors que toutes ces femmes ainsi que leurs enfants étaient occupés à manger avec appétit, chacun dans son coin.

À la sortie, le personnel m'observait avec l'air de se demander qui je pouvais bien être. On devait penser que j'étais une étrangère riche qui ne savait plus quoi faire de son argent. Venir en aide aux autres, et surtout à des femmes répudiées, ces femmes de la honte, comme on les désignait parfois, semblait passé de mode.

Pourtant, l'islam nous enseigne le contraire, soit de porter secours aux femmes malheureuses, veuves, répudiées ou seules. Aux orphelins aussi. Aujourd'hui, tout se passe comme si on avait éliminé la charité pour y substituer l'individualisme. Les hommes décident de ce qui sera ou non et, pour apaiser leur conscience, ils prétendent que la religion leur dicte leurs décisions aberrantes. En d'autres termes, ils rendent Dieu responsable de leur égoïsme, de leur insouciance, de leur cruauté.

Ma tête bourdonnait et je n'aspirais plus qu'à prendre un bain et me reposer. Je quittai cet endroit damné sans me retourner. Le taxi m'attendait et, aussitôt que je fus à bord, il démarra. Les souks animés et les rues trépidantes ramenèrent un peu de lumière dans mon esprit.

— Comment s'est passée votre visite? se renseigna le chauffeur tout en scrutant ma réaction dans son rétroviseur.
— Bien, merci. À propos, où pourrais-je acheter une trentaine de couvertures à bas prix?
— Voulez-vous réchauffer le pays entier? fit-il avec humour.
— Avez-vous une idée du prix?
— Très cher. Ici, tout coûte cher. Trois ou quatre mille livres[3], peut-être.

Les vacances commençaient et je n'avais presque

---

3. Entre six cents et huit cents dollars canadiens.

plus d'argent. Avec cet achat, je ne disposerais plus d'un sou vaillant jusqu'à la fin de mon séjour.

Il est vrai qu'au fil du temps et des innombrables imprévus que j'avais vécus dans une vie antérieure, j'avais appris à vivre au jour le jour; j'étais même devenue une virtuose de ce mode d'existence. Fais ce que doit aujourd'hui, car demain est un autre jour, telle était ma devise. Je croyais avec force en la puissance divine et je savais qu'elle m'accompagnait. Mon seul problème résidait dans mon insensibilité face au danger que les autres me rappelaient souvent.

Il faut croire que j'étais devenue entêtée, car je n'écoutais plus que ce que ma tête et mon cœur me conseillaient.

Investissement nul

De retour à l'appartement, je gravis les marches deux à deux. J'étais si bouleversée par ce que je venais de vivre que je n'étais même pas allée voir Hania pour lui donner des nouvelles de sa sœur. Je m'étais mise d'accord avec le chauffeur de taxi : il viendrait me chercher le lendemain matin pour m'emmener dans un magasin à grande surface y acheter les couvertures. J'en profiterais pour saluer Hania.

Lorsque je fus au lit, plein d'idées farfelues se bousculaient dans ma tête. Je voyais mes garçons en compagnie de leur père et j'esquissais divers scénarios dans lesquels ils s'amusaient comme des fous à la plage ou partageaient de précieux moments avec leurs grands-parents paternels. Tous trois découvraient ensemble un milieu inconnu qui, pourtant, faisait partie de leur patrimoine culturel. Ils me manquaient beaucoup. Comme mes deux grandes qui, de leur côté, devaient s'ennuyer sans moi. Nous nous quittions très peu. Mais il était encore trop tôt à Montréal pour les appeler. Envahie par la nostalgie, je me demandais ce qu'elles faisaient.

Ces belles images de mes enfants, empreintes de tendresse, s'estompèrent pour laisser place aux visages de ces femmes perdues et aux regards si tristes de leurs enfants affamés, que j'avais croisés tout au cours de cette journée-là.

Il fallait que je trouve le moyen de leur venir en aide un tant soit peu. Même si je disposais de ressources financières limitées, je me devais de ne rien négliger pour leur apporter un peu de réconfort et, qui sait, leur donner le coup de pouce miracle qui en propulserait quelques-unes sur une voie nouvelle où elles pourraient espérer regagner leur dignité.

Toute mon attention était accaparée par ce projet. Les envies que j'avais pu avoir de faire des excursions touristiques s'étaient envolées en fumée. Je m'étais seulement permis une croisière en felouque d'une durée de trois heures au cours des premiers jours de mon voyage.

J'ai succombé à la tentation d'une balade en felouque sur le Nil.
Je me suis sentie privilégiée de flotter quelques heures sur ce fleuve mythique qui m'a tant fait rêver. En arabe, *falouka* signifie petit bateau.

En fait, cette balade que je m'étais payée avait eu lieu de nuit. Je voulais découvrir un autre visage de l'Égypte dont on m'avait vanté le charme. Et je dois avouer que le Nil, la nuit, est magnifique et que cette aventure sous les étoiles a été une révélation. Il faisait très noir et les lumières de la ville se reflétaient dans les eaux sombres. J'étais comme suspendue dans l'espace. Le moment était magique. Je me suis dit que c'était comme rencontrer quelqu'un dans un bar ou une discothèque, alors que l'éclairage tamisé maquille les défauts et réserve les mauvaises surprises pour les lendemains livrés à la lumière du jour. Ainsi, la nuit me cachait toutes les choses désagréables de la ville, le paysage gris et sale ainsi que la misère des femmes de la rue. J'ai compris que Le Caire est une ville à deux faces; le profil qu'elle montre à la lumière est bien différent de celui qu'elle révèle dans le noir.

Mais il n'empêche que les gens m'intéressaient plus que les monuments, et la vie, plus que les musées. Je ne me lassais pas d'observer les femmes du souk. Attablée dans un café, je pouvais les observer des heures durant.

Pendant ce premier séjour en Égypte, je ne bougeai pas du Caire et j'élaborai divers plans pour concrétiser mon projet. De mon côté, il n'y avait aucune autre ressource financière immédiatement disponible. La seule solution envisageable était de faire appel à mon éditeur et de lui demander une avance sur mes droits d'auteur. D'autre part, connaissant la sensibilité et la générosité de ma grande fille Norah, je savais qu'elle ne refuserait pas de saisir une occasion de rendre service. Elle appartient à ce cercle d'êtres rares qui peuvent se priver pour porter assistance aux autres.

Avec l'aide de mon éditeur et celle de Norah, la cagnotte s'élevait déjà à deux mille dollars canadiens, ce qui était un sacré bon début. Je pourrais donc acheter les couvertures.

Cette visualisation, loin de me mener aux portes du sommeil, avait eu l'effet contraire. Impossible de calmer mon exaltation et cette puissante satisfaction de bientôt mettre un baume sur la vie meurtrie de ces pauvres femmes. Je n'avais qu'une hâte, que le jour se lève au plus vite pour passer à l'action.

La fatigue eut raison de ma fébrilité et je connus une période d'assoupissement d'environ deux heures. Au saut du lit, je mis quelques minutes à me préparer et j'appelai aussitôt le chauffeur de taxi.

— Vous êtes bien matinale, chère dame!
— Je veux compléter les achats prévus et me rendre au plus vite à l'hôpital.
— Je souhaite seulement que ce don pourra leur être utile.
— Mais bien sûr. Ils dorment sans couvertures et les nuits sont encore fraîches à cette période de l'année.
— Je vous y emmène, madame. Dieu fasse qu'il y ait de nombreuses autres personnes comme vous!

Dans le taxi, je passais en revue d'autres solutions. Au fond, je voulais faire davantage que de leur procurer des couvertures. Mais quoi, précisément, et surtout comment?

« Il y a tant à faire, Samia, mais, pour le moment, achète ces couvertures. C'est une priorité. Tu chercheras d'autres moyens d'intervention plus tard. »

Une fois les couvertures négociées et payées, elles furent transportées en camionnette. Jamais je n'oublierai l'étonnement et la gratitude inscrits dans chacun des regards des femmes et des enfants. Ma satisfaction n'avait d'égale que mon excitation. L'intensité de ces deux sentiments était bien supérieure à celle qui pouvait accompagner l'achat pour moi-même d'un objet, même convoité depuis longtemps.

Je savais que cette décision me jouerait un vilain tour et pour le moment je me retrouvais sans le sou. Mais que mon portefeuille soit vide était le cadet de mes soucis. Seule comptait l'idée d'avoir rendu des gens heureux. Ma joie serait cependant de courte durée.

Deux jours plus tard, je rendis visite à ces femmes et, des couvertures, il ne restait plus aucune trace. Mon énervement et mon emportement n'eurent aucun résultat: le personnel et les femmes hébergées s'enfermaient dans leur mutisme. Ni Safia ni aucune autre n'avaient l'air de savoir. J'étais sûre qu'elles connaissaient le fin mot de l'affaire, mais aucune n'osait parler. J'eus beau tempêter, j'eus beau insister, toutes les couvertures avaient disparu.

D'une certaine manière, le monde s'effrita sous mes pieds et mes joyeuses illusions fondirent comme neige au soleil. J'avais déployé toute cette énergie pour arriver à un résultat nul. Archinul.

Je quittai l'hôpital déçue et, avouons-le, envahie par l'amertume. À quoi bon essayer de secourir ces femmes si des gens sans morale les dépouillaient aussitôt que j'avais le dos tourné? Mais, malgré ma déception, je devais me rendre auprès de Hania et lui raconter cette affaire.

En arrivant là où elle avait élu domicile, je l'aperçus qui discutait ferme avec un policier. Sans vergogne, celui-ci glissa dans sa poche l'argent qu'elle lui refilait. Il lui relâcha ensuite la main qu'il tenait ferme jusque-là et je l'entendis proférer d'une voix menaçante :

— La prochaine fois, il faudra donner un peu plus, si tu veux garder cette place.
— Pourquoi lui as-tu donné ce billet, Hania?
— Ces policiers sont tous corrompus, fit-elle en décochant un regard de mépris à son interlocuteur. Si je veux mendier ici, je dois payer.

À mon tour, je toisai l'homme immoral. J'avais envie de lui sauter dessus et de lui tordre le cou. Il soutenait mon regard et souriait, autant des lèvres que de ses yeux de vipère. Décidément, rien de ce que j'avais planifié ne fonctionnait et, tout comme moi, les deux sœurs allaient rester sur leur faim.

D'une mauvaise nouvelle à l'autre, je racontai à Hania ce qui s'était passé à l'hôpital; elle accusa le coup sans surprise. Des couvertures neuves, cela représentait une tentation trop forte, non seulement pour le personnel, mais aussi pour les grands patrons qui avaient très bien pu se transformer en voleurs. Cette histoire ne tirerait de larmes à personne dans ce pays, me fit-elle comprendre. Il n'y avait pas de quoi s'émouvoir, car de toute manière ces femmes dormaient sur le sol nu depuis des années et jusqu'ici aucune ne s'en était plainte.

J'étais fixée : mes efforts se révélaient inutiles et je savais à quoi m'en tenir, à présent. Chacun pour soi et Dieu pour tous, cela semblait le mot d'ordre, si pratique pour dissimuler l'indifférence généralisée.

— Quelle est la solution, pour vous deux ? Dis-le-moi, Hania !

— Ne vous inquiétez pas pour nous, madame Samia, Dieu est là. Il sait quoi faire et quand le faire.

Cette phrase qui affirmait la croyance aveugle mais paralysante de ces femmes en la Providence, je l'avais assez entendue. Chacune n'avait que ce qu'elle méritait, selon leur mentalité. Mais est-ce que ces femmes avaient mérité une aussi terrible punition : vivre dans la misère de la rue jusqu'à leur mort ?

Partout où j'allais, la détresse totale avait un sexe. Seules des femmes et leurs enfants y étaient condamnés. La répudiation était un crime plutôt qu'une absurdité. Elle allait à l'encontre du bon sens le plus élémentaire.

Je n'avais plus d'argent et je n'entrevoyais aucune autre possibilité de venir au secours de Hania, de Safia et de leurs enfants. Je décidai donc de rentrer à la maison. Chez moi, je n'aurais plus à voir ces scènes affreuses, bien que l'idée de revenir fût déjà en ébullition dans mon cerveau. Au fond, je savais déjà que je n'en resterais pas là et je me promis coûte que coûte d'accompagner ces femmes et de les guider vers un avenir meilleur.

*

La veille de mon retour au Canada, Norah me dit au téléphone avec un brin de mystère :

— Maman, une énorme surprise t'attend ici.

Ma curiosité piquée au vif, je cherchai à faire parler Norah, qui n'était pas dupe.

— Cette surprise va te faire oublier bien des laideurs. J'ai hâte que tu voies ça.
— Tu as décoré ma chambre?

Norah éclata de rire et répondit:

— Encore mieux, maman.
— Alors, tu as trouvé un trésor qui nous rendrait riches?
— Je te connais. Tu essaies de me tirer les vers du nez, mais je ne dirai rien.

J'avais vraiment hâte de retourner au Canada. Cette surprise promise s'ajoutait au bonheur de retrouver ma famille et au besoin de prendre du recul par rapport à mon projet. Cependant, ce n'était que pour mieux y revenir.

Un être surgi du passé

À mon arrivée à Montréal, les enfants m'attendaient avec une impatience que je partageais. Ils m'avaient beaucoup manqué et j'étais très heureuse de les revoir.

Lorsque j'entrai dans la maison, un silence anormal pour des retrouvailles régnait. Puis d'un seul coup, un jeune homme surgit du fauteuil où il était assis. Il était grand et fort. Il me rappelait quelqu'un...

Amir! Était-ce possible?

J'étais debout, la main sur la bouche, interloquée et incapable d'émettre un son. Il me fixait, je le fixais. Nous étions tous deux assaillis par des souvenirs si douloureux qu'ils nous rendaient muets.

Amir, ce fils dont j'avais été privée toute ma vie, que j'avais porté neuf mois et qui m'avait été enlevé dès sa naissance, était là devant moi. Ce fils pour qui je n'avais jamais été une mère, mais plutôt une espèce de génitrice trop jeune et irresponsable, ne m'avait jamais appelée maman. Ce fils que je n'avais presque pas porté dans mes bras m'en avait tenu rigueur pendant des années, croyant que je l'avais sciemment abandonné.

Amir, que je chérissais, mais qui, tout petit, nous avait trahies, ses sœurs et moi.

Après des années de séparation, envahie d'un puissant sentiment d'amour-haine, j'étais déchirée. En fait, tout le monde souffrait, même Amir qui mesurait sans doute sa propre trahison.

Désemparée, je voulais le serrer fort tout contre moi et, du même mouvement, je ne souhaitais que lui frapper le thorax pour le réveiller et lui hurler l'ampleur du mal qu'il nous avait causé.

Le temps s'était arrêté. J'étais toujours là, immobile, la main sur la bouche et les yeux pleins de larmes. Aussi ébranlé que moi, Amir ne savait comment réagir. Ses yeux rouges témoignaient de son trouble. Il avait pleuré.

Sans que nous ayons prononcé un mot, le silence se rompit et les sanglots envahirent l'espace. J'avais ouvert grand les bras et il était venu s'y réfugier. Ainsi soudés l'un à l'autre, nous laissâmes les paroles se frayer un chemin à travers notre émoi et notre confusion. Je n'arrêtais pas de répéter :

— Pourquoi, Amir, pourquoi?

Il pleurait et il répétait à son tour :

— Pardonne-moi, je ne le savais pas. Norah m'a tout raconté. Pardonne-moi, car j'ai été trompé durant toutes ces années. Je pensais que tu ne voulais pas de moi et que tu n'aimais que tes deux filles. Pardonne-moi, maman...

«Maman», redisait-il sans arrêt. Amir m'appelait

maman. Il ne l'avait jamais fait auparavant, ce mot étant réservé à sa mère d'adoption, c'est-à-dire à ma propre mère.

Le temps et l'éloignement avaient forcé ma résignation. Après que ma mère m'eut volé mon fils, une impression tenace s'était inscrite peu à peu dans mon for intérieur, celle d'avoir mis au monde un petit frère qui n'attendait que le moindre faux pas de ma part pour se retourner contre moi. Cette idée d'avoir donné naissance à un frère, et non à un fils, s'était en définitive substituée à la réalité.

Qu'il fût coupable ou non, mon fils se tenait là, devant moi, et je ne pouvais que le serrer dans mes bras et pleurer. Aucun mot n'aurait pu expliquer quoi que ce soit. J'étais remplie de sentiments contradictoires vis-à-vis de lui. Un premier réflexe me soufflait de tout lui raconter, de lui dire ce qui s'était vraiment passé au sein de notre famille. Un deuxième s'opposait plutôt à toute explication et me suggérait que le moment tant attendu de me venger était enfin arrivé.

Était-ce sa faute? La mienne? Ou notre faute à tous les deux? J'étais en partie responsable et il ne pouvait porter seul l'odieux et la cruauté de cette séparation. Après tout, il n'avait été qu'un enfant manipulé par ses grands-parents, comme je l'avais été. Et pourquoi n'avais-je jamais essayé de le reprendre?

À quoi bon réveiller ce passé rempli de souffrance? Tout compte fait, je ne pouvais qu'essayer de rattraper le temps perdu et de me rapprocher un peu d'Amir. Quelque chose de plus fort que tout, un élan qui n'avait aucune explication, aucune, se produisit et abolit tous ces mauvais sentiments.

Amir passa presque deux semaines avec nous. Quelquefois, nous sortions seuls et les gens le prenaient pour mon copain. Cela nous faisait bien rire tous les deux. Il fit aussi connaissance avec ses trois demi-frères avec qui il avait un comportement protecteur, qui s'apparentait davantage à celui d'un père qu'à celui d'un grand frère.

Nous profitions des bons moments partagés ensemble, en évitant bien soigneusement de déterrer le passé et de nous écorcher encore plus. Il me confessa quand même cette faute énorme : croyant dur comme fer que je l'avais abandonné et que je ne désirais que la présence de mes deux filles, il avait refusé net de nous porter secours quand il apportait notre maigre pitance quotidienne, alors que nous étions prisonnières toutes les trois dans le garde-manger de mes parents. Mon propre fils déverrouillait la porte de notre cellule et nous apportait la nourriture sans fléchir. J'avais bien essayé de parlementer avec lui, de le convaincre de nous aider, mais il nous riait en plein visage comme s'il prenait plaisir à nous voir souffrir. Il nous refusait obstinément son aide en éprouvant, je le supposais, un fort sentiment de domination à notre égard.

Éloigné de sa famille, il avait ajouté foi aux explications de ses grands-parents. Il avait toujours repris les paroles que la famille devait lui marteler depuis sa tendre enfance : la mère est celle qui élève l'enfant et non celle qui le met au monde. Il avait bien retenu sa leçon.

Aujourd'hui, il voyait clair, avouait-il.

Cet être incarne un pur paradoxe. Devenu un

homme, Amir occupe une place très importante dans mon cœur. Qu'on m'ait arraché ce fils aussitôt après sa naissance fut sans conteste la plus douloureuse de mes épreuves.

Amir est plus grand et plus costaud que son père. Il lui ressemble d'ailleurs un peu. Il m'est impossible de ne pas être interpellée par la crainte que cette ressemblance ne soit pas seulement physique. Je tremble à l'idée qu'il puisse porter en lui ne serait-ce que un pour cent des germes de dépravation, de perversion et de travers de son père.

Une question demeure irrésolue et inquiétante : a-t-il lu mon récit et celui de Norah ?

Malgré l'enchevêtrement des doutes persistants et des sentiments sombres au cœur desquels je me débats, Amir est mon fils, qu'il le veuille ou non, que je le rejette ou pas. Personne n'y peut rien changer, car mon sang est aussi le sien.

« *Amir, je t'aime. J'espère que jamais tu ne ressentiras cette douleur qui m'a déchiré le cœur durant toutes nos années de séparation.* »

Aujourd'hui, mon fils qui a vingt-huit ans mène une belle vie sans histoire à Paris, où il travaille. Il est heureux et a sans doute la conscience plus tranquille. Moi aussi.

Après son départ, une autre réalité refit surface : l'Égypte et la misère de celles que j'appelais désormais les oubliées de la Terre.

TROISIÈME PARTIE

L'ACTION

L'une mendie, l'autre croupit

Le retour à ma vie de tous les jours ne m'empêchait pas de revoir en imagination Safia, Hania et toutes ces femmes restées là-bas avec leurs pauvres enfants qui s'endormaient le plus souvent le ventre vide. Ces femmes qui erraient et mendiaient dans les rues du Caire ou qui croupissaient à l'asile et partout ailleurs.

Le dénuement et la pauvreté n'avaient cependant pas eu raison de l'incroyable attirance que ce pays exerçait sur moi. Il peut paraître contradictoire, même aberrant qu'il évoque encore dans ma tête un si vif sentiment de liberté. Comme j'y étais venue seule la première fois, sans que personne me le demande ou m'y invite, l'Égypte me donnait l'impression d'être importante et de compter pour quelqu'un. Il me semblait que toutes ces femmes abandonnées dans les grandes rues sales de ce pays avaient besoin de moi.

Malgré l'oppression et l'injustice qui y règnent, j'aime ce pays, ce qu'il représente et, par-dessus tout, j'aime aider ces femmes-là. À ce jour, j'y suis allée plusieurs fois. Au moment où j'avais fait, au début de mon séjour, une excursion sur le Nil en felouque, le pilote de l'embarcation m'avait dit que celui qui boit une petite gorgée de l'eau du fleuve ne peut résister à la tentation de revenir en Égypte. Évidemment, je n'y croyais pas. N'empêche, j'ai essayé, par jeu. Sans doute n'est-ce là qu'une coïncidence, mais il est bel et bien vrai que depuis je ne cesse de retourner dans ce pays. Et j'y vais aussi souvent que je le peux.

Un pilote de felouque m'a dit, lors d'une excursion sur le Nil, que celui qui buvait une gorgée d'eau de ce fleuve serait contraint de revenir en Égypte. Autant vous dire tout de suite que j'ai bu cette gorgée...

Mes racines se retracent dans trois pays de trois continents différents. La France, ma terre natale, le Québec, où je me sens le plus en phase avec mes élans de liberté, et l'Algérie, théâtre de bien des malheurs, mais quelquefois aussi de bonheurs. Mais je n'entretiens aucun désir de retourner en Algérie et là se cache peut-être la raison de ma fascination pour l'Égypte. Ce pays représenterait-il un lien intime avec ma culture arabe? Je trouve dans cette explication la raison la plus plausible à cette attirance autrement inexplicable.

*

Après ce premier voyage au pays de mes rêves et de nouvelles désillusions, je décrivis en détail à Norah et à Mélissa la pauvreté que j'y avais vue. Il était temps de me relever les manches. Première démarche, planifier une rencontre avec Manon, ma conseillère financière, et lui expliquer l'idée géniale que j'avais mijotée pour venir en aide à certaines femmes du Caire.

En entrant dans l'institution bancaire sans rendez-vous, j'enfilai mon masque de frondeuse. Manon accepta d'emblée de me recevoir.

« Pourvu que tout se passe bien et que j'obtienne le prêt espéré! »

La mission s'annonçait ardue, car je ne détenais aucun bilan de crédit, mes ressources étaient fort limitées et je n'avais jamais obtenu de prêt. Pouvais-je espérer gagner cette cause? Manon s'est présentée en me serrant la main.

— Bonjour, Samia.
— Je suis très heureuse de vous revoir, Manon.

Je la suivis à son bureau en croisant les doigts et en invoquant le Dieu des miséreux.

— Que puis-je faire pour vous?

Très bonne question.

« Du cran, Samia. C'est le temps de lui tenir le discours que tu te répètes depuis hier soir. »

Je pris une grande inspiration et je lançai d'un trait ma tirade, ou plutôt mon baratin.

— Ma demande est considérable et mes moyens sont limités. Mais j'ai un beau projet en Égypte qui me rend très optimiste. J'aurais besoin de plusieurs dizaines de milliers de dollars.

— C'est une somme assez importante, vous savez. Avez-vous des garanties? S'il n'en tenait qu'à moi, je vous accorderais ce prêt tout de suite. Mais mes patrons ne l'approuveraient pas sans justifications suffisantes. Avez-vous des biens ou un autre compte bancaire?

Comme je n'avais rien du tout et que mon compte bancaire était vide en raison des dépenses faites en Égypte, je lui donnai la réplique dans le plus pur ton d'une femme d'affaires sûre d'elle.

— La seule chose que je puis vous donner en garantie, elle tient dans les droits d'auteur qui me sont dus et qui me seront versés en novembre prochain. Ah! autre chose, je peux aussi vous donner ma parole d'honneur que je rembourserai ce prêt à temps et que je ne manquerai aucun paiement. Ce projet est très important et j'y tiens.

— Je vais y réfléchir. En attendant, essayez d'obtenir une confirmation de la part de votre éditeur que vous toucherez au moins la somme équivalant au prêt.

— Je recevrai une réponse de sa part aujourd'hui, ou demain au plus tard.

— Quant à moi, je discute de votre demande avec mes patrons et nous serons fixées d'ici un jour ou deux. Avec le document de votre éditeur, je suis confiante.

Je quittai la banque gonflée d'espoir. J'avais confiance en cette jeune femme qui semblait de bonne foi et était même capable de lire dans mes pensées... que Hania et Safia ne quittaient pas. Comme d'habitude, l'une devait mendier sur la rue, l'autre croupir dans son taudis.

Trois jours plus tard, ma demande avait été acceptée. Quelle surprise! Je ne savais plus où donner de la tête et j'étais si excitée que je virevoltais comme un papillon incapable de se poser.

En allant chercher mon prêt à la banque, je me sentais utile. Mes problèmes pouvaient attendre, même si j'aggravais ma situation financière déjà précaire. Si la vie m'avait appris une leçon, c'était bien qu'il y a toujours quelqu'un de moins chanceux que soi. Par rapport à tant de femmes, oui, je m'estimais chanceuse. À mon tour de tendre la main à celles que la chance avait trahies.

En entrant dans son bureau, je sautai au cou de Manon et je perçus la lueur de bonheur qui se logeait dans son regard quand elle me tendit les formulaires à remplir. J'étais bouleversée jusqu'aux larmes et je tremblais en signant ces papiers. À la sortie de la banque, j'avais l'impression d'être grande et importante.

Dès lors, les choses se déroulèrent rondement. J'appelai monsieur Ahmed, mon vieux fondé de pouvoir et mon homme de confiance là-bas en Égypte. J'aurais bien voulu retourner au Caire, agir directement et tout régler moi-même! L'argent me brûlait les doigts, mais ma situation était devenue si précaire qu'il était exclu de m'imposer encore ces frais de déplacement.

Il n'empêche que je suivis pas à pas les démarches par téléphone. Monsieur Ahmed m'appelait fréquemment pour m'informer avec précision des négociations jusqu'au jour où les papiers légaux furent signés.

Safia, Hania et leurs huit enfants dormiraient bientôt sous un toit. Mieux, ils posséderaient un appartement, l'appartement d'abord mis au nom de monsieur Ahmed, qui allait le céder par la suite à Safia et Hania.

Je vous présente les familles de mes protégées.
À gauche, Safia et sa jeune fille. Ses deux autres enfants étaient en visite chez sa belle-famille. Hania et quatre de ses cinq enfants, dont Hanane, la plus âgée des filles. Le dernier-né d'Hania était hospitalisé au moment de la prise de photo.

Mais, avant l'emménagement, monsieur Ahmed dut convaincre Safia qui, apeurée par le monde extérieur, ne voulait pas quitter l'hôpital. Le vieil homme lui promit une surprise qui allait lui faire oublier, ainsi qu'à sa sœur, tous les déboires qu'elles avaient connus jusqu'à maintenant.

Quand Ahmed fut en présence des deux femmes, il me téléphona pour que je puisse leur annoncer la bonne nouvelle moi-même. Jamais je ne pourrais décrire la joie de ces femmes que j'entendais au téléphone. Leurs pleurs, leur perplexité, leurs propos presque incohérents, bref l'émoi de ces deux femmes traversa l'océan et vint m'envahir totalement. La satisfaction que j'en éprouvais était difficile à mettre en mots.

Bien sûr, mon rêve d'en faire autant pour toutes celles que j'avais croisées dans la rue demeurait inaccessible. Mais j'en avais quand même sauvé deux. Et, quelques jours après, Hania et Safia habitaient leur propre appartement avec leurs enfants. Il était resté un peu d'argent de la somme initiale que j'avais envoyée et, à ma suggestion, monsieur Ahmed acheta quelques meubles d'occasion.

*

Deux mois plus tard, je me rendis à nouveau en Égypte. À la nuit tombée, les lumières illuminant le Nil exerçaient la même fascination et le centre-ville, d'où se profilaient les îles de Roda et de Gezira, était d'une beauté à ravir l'âme la plus endurcie.

Le soir même de mon arrivée, monsieur Ahmed m'emmena voir Hania et Safia à leur appartement. On m'attendait les bras ouverts et je fus accueillie avec des effusions interminables. J'eus du mal à reconnaître ces deux femmes qui avaient pris du poids et de la couleur. Il n'y avait avec elles que les plus jeunes enfants, les autres étant partis mendier.

Hania me raconta que son ex-mari souhaitait la reprendre, car il avait su pour l'appartement. Sa sœur, qui avait senti qu'il lui tendait un guet-apens, lui avait déconseillé de prêter l'oreille à ses belles paroles et je ne pus qu'abonder dans le même sens.

— Fais attention, Hania, ne tombe surtout pas dans ce piège. En plus, n'oublie jamais que cet appartement est à toi et à Safia. Il n'y a pas de place pour ton ex-mari, qui se montre bien profiteur. Je pense que vous avez assez à faire avec tous vos enfants. Et moi, je ne pourrai pas être constamment avec vous. Tout ce que je souhaite, à présent, c'est que vous soyez heureuses et que vous rendiez vos enfants heureux.

En quittant l'appartement de Hania et Safia, je rêvai le temps d'un soupir que tous les problèmes des femmes sans-abri se résolvaient.

Le terrorisme familial et conjugal

Aussitôt les pieds dans la rue, je déchantai et ma joie s'estompa du coup. Une femme s'était mise à courir en priant pour moi et en me tendant un paquet de mouchoirs en papier qu'elle voulait me vendre. Elle portait un nourrisson dans ses bras et deux autres enfants s'accrochaient à ses jupes.

Je lui remis un peu de monnaie.

— Que Dieu te bénisse de ta bonté, ma sœur. Qu'Il te protège, surtout.
— Merci, tes prières sont bienvenues. Surtout ce soir, j'en ai vraiment besoin.

Un peu plus loin, il y avait une autre femme assise sous un arbre. Ses enfants étaient couchés par terre, sur une partie de son voile.

Je m'approchai d'elle en lui demandant si elle avait faim. Elle me raconta que ses enfants s'étaient endormis le ventre vide.

— Dormir, ça fait oublier les soucis et je souhaiterais dormir à jamais. Mais qui s'occuperait de mes trois enfants? On vit dans la rue depuis presque un an. Je ne sais plus ce que c'est d'être une femme normale.
— Pourquoi êtes-vous à la rue?

— J'ai sacrifié douze ans de ma vie auprès d'un homme violent et cruel pour que mes enfants n'aient pas à subir la rue. Mon entourage me répétait : «Protège tes enfants et supporte ton mari. Tu n'as pas le choix. Qu'est-ce que tu peux faire sans lui?» Je les écoutais et j'encaissais les coups et les humiliations. Jusqu'au jour où j'en ai eu assez et où j'ai quitté la maison. Il m'a fait arrêter par la police qui m'a accusée d'abandon familial. Un mois après, je suis repartie, et là il n'a plus voulu me reprendre. Quelques jours après, il était remarié. C'est ça, mon histoire.

Je lui tendis un billet de vingt livres égyptiennes.

— Que Dieu te vienne en aide! Je souhaite de tout mon cœur que tu t'en sortes.

Sur le chemin du retour, je réfléchissais et je soupesais ce côté sombre de l'humanité. Comment ces femmes parviendraient-elles à s'en sortir? Tout concourait à les maintenir dans une extrême pauvreté. Et leur sort deviendrait aussi celui de leurs enfants. De mon point de vue, il ne saurait exister un désespoir plus profond que celui d'une mère acculée à l'impossibilité de nourrir son enfant. J'avais connu ce désespoir.

Nos lois, ces lois qu'on invoque à tout propos, nous ont-elles jamais protégées? Elles nous laissent la partie restante, celle que les hommes veulent bien consentir à nous accorder, celle dont ils ne veulent pas, souvent. Trop de femmes arabo-musulmanes doivent encore contracter contre leur gré un mariage arrangé par leurs parents. La plupart proviennent des milieux ruraux, là où les femmes sont illettrées et plus aisément manipulables.

Bon nombre d'entre elles subissent en silence la violence quotidienne du mari, sans jamais se plaindre. Personne ne parle de ce sujet, tabou entre les tabous. Même si elle est battue, la femme demeure la grande fautive. Elle est accusée et condamnée par la famille, on la culpabilise des coups que lui inflige son mari. Je connais aussi cette injustice-là.

Les viols perpétrés par le mari ne sont pas des viols, mais plutôt un droit acquis par le mari au moment de l'union et qui appartient à l'intimité du couple. Nul ne peut s'en mêler, pas même la loi. Belle intimité! Quand je pense au président actuel de l'Iran, Mahmoud Ahmadinejad, qui multiplie les projets de loi concernant les couples mariés et surtout le droit légitime du mari à violer sa femme en toute impunité!

Cela étant dit, il n'existe aucune échappatoire. Les femmes violentées qui fuient le domicile sont accusées d'abandon familial et rejoignent presque à coup sûr le noyau dur des itinérantes. Si d'aventure un bon samaritain aide une de ces femmes à se cacher, il peut à son tour être accusé de complicité. En d'autres termes, une femme mariée qui se cache se soustrait du même coup à l'autorité à laquelle elle est soumise; elle est donc coupable de désobéissance.

Il semble même que le violeur d'une jeune fille mineure n'est pas poursuivi s'il demande à l'épouser. L'opinion populaire plaindrait alors le pauvre violeur provoqué, et même incité à commettre un acte répréhensible par le comportement de la jeune fille, qui elle serait accusée de débauche.

Le système en place est imperméable aux dénonciations. Rempart imprenable, il protège les hommes et refuse toute admission pouvant éventuellement démontrer combien la loi des hommes est impitoyable envers les femmes. Si une femme a le courage de dénoncer ce système, elle affrontera une défense où elle deviendra la menteuse, la traîtresse à l'islam. Une véritable impasse.

Si la plupart des femmes ne critiquent pas la religion, bien des hommes en revanche l'invoquent pour justifier ou excuser les mauvais traitements qu'ils infligent à leurs femmes. Pourquoi ont-ils ce besoin irrépressible de les maltraiter ainsi? Se sentent-ils inférieurs au point de devoir compenser leur faiblesse en étouffant, en faisant taire, en blessant et en écrasant leurs pareilles humaines? Impossible de comprendre cette haine inassouvissable.

Peu importe leur âge, les femmes répudiées n'ont que la rue pour survivre. Il n'est pas rare de voir l'enfant, la mère et la grand-mère tendre la main pour mendier leur pitance quotidienne.

Dans les rues du Caire, les victimes de cette haine et leurs enfants mendient au milieu des ordures, des chiens et des chats errants. Sales, humiliées et résignées, mais surtout réduites à rien, elles ne sont plus que des fantômes.

L'une d'elles m'empoigna par le bas de mon pantalon en suppliant :

— Ma belle, veux-tu me donner de quoi acheter du lait au bébé?
— Quel âge a-t-il?
— Trois mois, et il n'y a plus de lait dans mes seins. Il pleure sans arrêt parce qu'il a faim.

Cette jeune femme n'avait guère plus qu'une quinzaine d'années et son bébé s'agrippait en vain à son sein.

— Que fais-tu dans la rue?
— J'y suis depuis que mon mari m'a mise à la porte après l'accouchement. Il n'a même pas eu pitié de son bébé.
— Pourquoi donc?
— Il trouvait que le bébé pleurait trop et ça le dérangeait. Il n'arrivait pas à dormir.
— Étiez-vous mariés depuis longtemps?
— Depuis un an. J'avais quatorze ans.

«Le destin, le destin!» répétait-elle. Ce foutu destin qui les mène toutes à la rue, elles y croient dur comme fer.

Il y avait à côté de cette enfant-mère sa sœur et sa mère, formant avec elle un trio de femmes répudiées, donc sans autres ressources que le pavé et sa dureté. Sa sœur, une jeune femme de vingt-cinq ans, avait trois enfants. Son mari l'avait répudiée pendant qu'elle était

Le sort des femmes répudiées laisse peu de place à l'espoir.
Ici, deux jeunes femmes avec tout ce qui leur reste
pour se protéger des nuits fraîches.

en visite chez sa mère. Un agent s'y était présenté et lui avait remis un document à signer. Cela fait, l'agent lui avait expliqué qu'elle venait d'être répudiée et que, par conséquent, elle devait rester chez sa mère.

La mère, une femme prématurément vieillie par les privations, n'avait que quarante-deux ans et elle avait été répudiée en même temps que sa première fille. Toutes les trois, collées les unes aux autres pour se protéger du froid, menaient cette existence de vagabondage, comme les chiens et les chats qu'elles côtoyaient.

Il y en avait tant d'autres, et j'en avais par-dessus la tête d'entendre les mêmes histoires et les mêmes plaintes. Je n'en pouvais plus de rester à les écouter et de me sentir impuissante. En me racontant leur histoire, elles espéraient tant! L'une d'elles m'avait suppliée:

— Prévenez vos autorités.

Une autre, assise parmi ce même groupe, avait insisté :

— Si votre pays était saisi de la situation, notre gouvernement aurait honte et agirait peut-être ensuite en notre faveur.

— J'aimerais tant vous aider toutes, mais je ne peux rien faire de plus que d'en parler.

— C'est déjà beaucoup, avait répliqué la même. Il faut que les gens de chez vous sachent que nous sommes abandonnées de tous. Les autorités nous défendent d'errer dans les rues où passe le président. Il faut nous soustraire à son regard. Nous n'existons donc pas.

Le destin et Dieu ont le dos large, car plusieurs femmes rencontrées sont trop fatalistes et vont même jusqu'à croire qu'elles ne méritent pas le bonheur et la paix. Elles se réfugient alors dans l'espoir et dans la prière. Je suis contente, par ailleurs, qu'on m'ait appris que je suis la seule responsable de mon bonheur ou de mon malheur... et qu'il y a toujours une porte de sortie quelque part.

J'avais appris par la suite que cette jeune femme avait trente ans et qu'elle était diplômée en littérature française. Répudiée depuis un an, elle ne parvenait pas à trouver du travail, car son diplôme datait de quelques années déjà et on estimait son expérience insuffisante. Son ex-mari lui avait pris ses enfants et l'avait jetée à la rue.

Elle avait conclu par cette phrase lapidaire :

— Qu'ils soient maudits à jamais, lui et sa famille!
— Et où sont vos proches?
— Ma seule famille, c'est Dieu. Pour le moment, je viens à la mosquée pour Le prier. Dieu n'oublie jamais les opprimées et Il me rendra mon droit.

La mosquée Méhémet-Ali, bâtie entre 1830 et 1848,
est la plus grande et la plus importante mosquée du Caire.

Chaque fois que je rencontre ces femmes, je les quitte vidée, me sentant coupable de ne plus souffrir et désespérée devant ma propre impuissance.

*

Le terrorisme familial et conjugal dirigé contre les femmes est actif un peu partout dans le monde. De pareils cas, sinon pires, surviennent dans de trop nombreux pays. Comme au Pakistan par exemple, où les hôpitaux regorgent de femmes brûlées à l'acide.

Un jour, une femme me raconta qu'elle était allée visiter un hôpital de Karachi et qu'elle en était ressortie bouleversée. Une dizaine de femmes brûlées par leur mari ou leur belle-famille y étaient soignées. Elles étaient coupables d'avoir apporté en mariage une dot jugée insuffisante ou d'avoir donné naissance à une fille plutôt qu'à un garçon, comme le mari l'espérait.

Elle avait vu une jeune femme à l'agonie, brûlée sur la presque totalité de son corps, une autre n'avait plus de visage, une autre encore avait tout le côté droit, de la tête au pied, rongé par l'acide. Cette vision de l'enfer allait la hanter toute sa vie, avait-elle affirmé.

Je me suis renseignée sur ces faits. J'appris que la plupart de ces femmes étaient délibérément brûlées par leur mari ou leur belle-famille, désireux de s'en débarrasser. Après leur forfait, les criminels attendent qu'elles soient presque mortes pour les emmener à l'hôpital. La majorité de ces femmes brûlées vives y meurent, faute de soins appropriés. Les maris plaident l'accident ou la folie de leur femme, qui soi-disant se serait elle-même infligé ces supplices.

Et là ne s'arrête pas le drame. Celles qui survivent à leurs blessures ne dénonceront pas leur agresseur, car elles redoutent d'être rejetées par leur famille pour cause de déshonneur ou par crainte d'être tuées, cette fois pour de bon. Elles n'ont souvent pas d'autres choix que de retourner vivre chez leur bourreau. Règle générale, le mari examinera son épouse. Si elle est défigurée, il divorcera, mais il pourrait décider de la garder si elle est encore intéressante sexuellement.

À l'origine de ces prétendus accidents, il peut y avoir des différends autour des questions d'argent, aussi bien qu'un mari drogué, violent ou qui convoite une deuxième épouse. Ce peut être une dispute avec la belle-famille ou la naissance d'une fille alors que celle d'un garçon était attendue. Le refus d'une jeune fille d'épouser l'homme que sa famille lui a choisi peut aussi expliquer de telles cruautés. Quelle qu'en soit la cause, il y a toujours un homme qui veut se débarrasser d'une femme trop encombrante ou trop rétive.

Au Pakistan, comme dans plusieurs pays, ce qui arrive aux femmes est sans importance. Il est donc impossible de compter sur l'aide de la police. La justice n'est pas du côté des femmes et elles le savent très bien.

*

J'étais dégoûtée et indignée de connaître la variété et la quantité d'horreurs subies par les femmes à travers le monde. Mon seul pouvoir, bien modeste, était la parole et l'écriture.

Pendant mes recherches personnelles, j'apprenais aussi qu'en Égypte les femmes avaient enfin obtenu le droit au divorce. Oui, elles l'avaient bel et bien obtenu, mais soumis à des conditions nettement favorables aux hommes.

Une Égyptienne qui souhaite divorcer fait face à un dilemme insurmontable. Soit elle dépose une requête en divorce invoquant la faute du mari – il lui faut dans ce cas assurer sa survie pendant des années avant que le litige ne se règle. Soit elle le fait sans qu'aucune faute ne soit imputée au mari et elle doit dans cet autre cas renoncer à tous ses biens, de même qu'à tous ses droits.

Dans les faits, les Égyptiens jouissent d'un droit unilatéral et inconditionnel au divorce. Ils n'ont pas à se présenter devant le tribunal pour mettre un terme à leur mariage. Par contre, les Égyptiennes doivent recourir aux tribunaux pour divorcer et sont dès lors confrontées à d'innombrables obstacles sociaux et juridiques.

La loi prévoit de nombreuses protections pour les hommes. Contrairement à eux, les femmes qui demandent le divorce doivent se soumettre à une médiation obligatoire. Si une femme quitte son mari sans son consentement, il peut déposer une plainte en vertu des lois égyptiennes relatives au devoir d'obéissance et la femme risque de perdre son droit à la pension alimentaire.

Mona, une connaissance, m'a avoué un jour qu'elle subissait depuis vingt ans la violence de son mari. Elle me disait qu'il la battait à chaque fois qu'il se retrouvait sans travail et, comme cet homme était un fainéant, cette situation survenait plusieurs fois par semaine. Les petits boulots glanés ici et là, il les perdait invariablement en raison de sa paresse.

— J'ai six enfants et je n'ai aucun endroit où aller, protestait-elle.

May, une femme d'environ quarante ans mariée à un alcoolique violent, m'a expliqué qu'elle demandait le *khula*, c'est-à-dire le divorce sans faute, et renonçait ainsi à tous ses droits. Selon elle, la procédure normale de divorce aurait pris trop de temps et ses chances d'obtenir gain de cause auraient été bien minces.

Que faudrait-il faire pour que ces gouvernements prennent en considération la cause des femmes et leur reconnaissent le droit de divorcer quand elles l'estiment nécessaire, comme le font abondamment les hommes?

Le comble à ajouter à cet inventaire discriminatoire déjà bien garni tient dans la répudiation par courriel ou par messagerie instantanée. Si les religieux n'arrivent pas à trancher sur ces divorces par voie électronique, par ce procédé moderne, une femme peut obtenir le divorce, pourvu que le juge estime authentique le message de répudiation. Si l'auteur en est bel et bien le mari, celui-ci n'a aucune raison de le renier après coup. C'est donc là une excellente façon d'éviter à un homme les confrontations devant les tribunaux avec son épouse, qui, elle, ne dispose d'aucun moyen légal pour s'opposer à la répudiation. Quant au mari, il vient par son message texte de signer les formalités pour consigner le divorce.

Aussi les messages de répudiation par voie électronique se promènent-ils entre les couples en Égypte et dans d'autres pays où la répudiation est devenue une chose quasi banale.

Il y a cependant des tribunaux qui exigent la

contribution des deux parties, mais cette contrainte nuit seulement à la femme, encore une fois. Très souvent, l'homme ne se présentera pas. Dans sa logique, il a déjà répudié sa femme, bien qu'elle soit encore mariée selon les formalités de l'État. En dernière analyse, il appartient toujours à l'homme de décider d'enregistrer le divorce pour que son épouse soit déclarée divorcée légalement et puisse poursuivre sa vie de femme. À la faute de justice s'ajoute la faute de logique, car comment peut-on être mariée... seule?

*

Des histoires privées terrifiantes, j'en connais bien d'autres. Celle de Nadjet, par exemple, une femme d'origine algérienne qui vit à Montréal avec ses deux enfants. Quand on la voit, il est impossible de soup-çonner que cette jeune femme, sous son teint radieux, porte les séquelles d'un crime aussi sombre. Son histoire déchirante résonne comme un refrain repris par trop de femmes. J'ai rencontré Nadjet dans une société d'assurances qui m'a donné un travail en 2009 et elle s'est confiée.

— Tu sais, Samia, ton histoire me rappelle étrange-ment la mienne.

Devant un tel aveu, j'ai dit simplement :

— Toi aussi...
— Mes parents m'ont tenue prisonnière à partir de l'âge de seize ans.
— À cause d'un homme, toi aussi?
— Non, mais parce que j'avais désobéi à mon père. Je n'ai jamais manqué d'amour à la maison, mais mon père était très dur avec ses filles, malgré l'affection

qu'il nous portait. Il nous répétait : « Vous pouvez tout avoir, sauf le droit de sortir seules. »

Son père n'était pas riche; il réparait divers articles dans les marchés. Un jour, sa mère avait demandé à Nadjet d'aller lui porter un message. Elle était fière d'aller voir son père au travail, mais elle craignait un peu sa réaction. Une fois là-bas, elle avait senti tout de suite sa gêne. Il s'était contenté d'ordonner sur un ton sec :

— Rentre à la maison!

Nadjet en avait oublié de lui faire le message et, de retour à la maison, elle s'était enfermée dans sa chambre, morte de peur, anticipant la colère de son père à son retour.

— Maman a compris à travers mes larmes que mon père avait très mal réagi. Elle a promis qu'elle intercéderait auprès de lui et m'a assuré que je ne devais plus m'inquiéter.

La suite des événements avait confirmé ses pires soupçons. Déjà assommée par la volée de coups, Nadjet l'avait été plus encore par la décision irrévocable du père :

— C'est la dernière fois que tu mettais les pieds hors de la maison.

Il avait tenu parole pendant cinq ans. Plus d'école, plus de sorties, pas même une visite à la voisine. Cinq ans sans voir le soleil.

— Je suis sortie le jour de mon mariage. C'était la

seule façon d'échapper à la prison. J'ai abdiqué pour être délivrée.

— Tu es toujours avec cet homme?

— Non, j'ai divorcé et je me suis remariée avec un homme plus vieux. Ensemble, nous sommes venus nous établir au Canada.

Elle avait conclu avec philosophie :

— La vie réserve bien des surprises, n'est-ce pas?

*

Le terrorisme dirigé contre les femmes est comme une créature monstrueuse qui renaît après chaque effort pour le supprimer. Il quitte parfois l'espace privé et se répand dans l'espace public. C'est à ce constat que m'ont menée mes diverses réflexions et mes nombreuses rencontres avec des femmes abandonnées. J'ai ainsi commencé à établir des liens et à prendre la véritable mesure de ce système qui fonctionne comme des vases communicants.

Une femme égyptienne m'a raconté une autre histoire bouleversante qui n'a fait que consolider ce lien entre les pratiques de violence radicale perpétrées dans le secret de la maison et leurs manifestations publiques dans la rue. Lors de la fête de l'Aïd[4], dans un quartier populaire du Caire, un groupe d'hommes de dix à quarante ans, frustrés de n'avoir pu assister, faute de places, au film projeté dans une salle de

---

4. La fête de l'Aïd est célébrée deux mois après le ramadan et coïncide avec la fin du pèlerinage à La Mecque. En mémoire du prophète Abraham et de son fils Ismaël, on égorge alors un mouton.

cinéma, ont envahi les rues et ont assailli les femmes qui se trouvaient sur leur chemin. Cette meute d'hommes en furie a d'abord attaqué une jeune femme dans la vingtaine. On lui a palpé tout le corps en déchirant ses vêtements. La foule complice a crié : «Il y en a une autre ici!» Les émeutiers se sont jetés sur cette autre femme qui, chemisier déchiqueté, est parvenue à s'échapper en s'engouffrant dans un taxi.

Voilée ou tête nue, accompagnée ou pas, jeune ou adulte, vêtue d'une tenue moulante ou cachée sous un ample *khimar* sombre, toute femme qui se trouvait malencontreusement là a connu le même sort : elle a été encerclée et violée par des mains brutales. Pendant que les plus vieux agrippaient les seins des femmes, les plus jeunes se jetaient sous leur robe, tâtant chaque centimètre de leurs corps. Les femmes hurlaient. La horde s'acharnait. Les commerçants regardaient, alors que ceux qui tentaient d'intervenir encaissaient des coups.

— Où allons-nous? Le pays entier est-il devenu fou? s'interrogeait cette femme qui me prenait à témoin de cette dérive. Le gouvernement, occupé à maintenir son pouvoir, n'a pas de temps à consacrer à ces préoccupations féminines. Et qu'ont dit la plupart des hommes témoins de cet accès de brutalité? «Ces femmes n'avaient pas à se trouver le soir dans les rues devant une foule d'hommes en furie.»

Quoi de surprenant! Elles font tout pour exciter ces pauvres hommes déjà en colère. Ce jour-là, un célèbre imam avait fait scandale en évoquant dans son sermon des cas de viols survenus en Australie et en concluant :

— Si vous avez de la viande et que vous la laissez sur la rue sans la couvrir, les chats la mangeront.

*

S'il fallait encore le démontrer, ces événements prouvent bien que le voile n'est d'aucune manière une protection. Voilée ou pas, la femme dérange. À mon avis, que ces pièces de tissu plus ou moins amples se nomment hidjab, *nikab*, tchador, *tchadri* ou, version la plus saisissante, burka, leur but est d'emprisonner les femmes et de les garder hors de la vue des hommes. Peut-être qu'en se confinant à la maison, les femmes se sentiraient davantage protégées. Pour autant qu'elles aient la chance d'avoir un mari respectueux, bien sûr.

À la place du voile porté par les femmes, pourquoi ne vient-il à l'esprit de personne d'y substituer un couvre-feu pour les hommes qui ne peuvent maîtriser leurs plus bas instincts? C'est la conclusion que je tire quand je perds tout espoir devant tant d'aberrations.

La logique des militants islamistes ne devrait tromper personne. Quand leurs arguments, déloyaux mais efficaces, créent un doute en moi, je me remémore aussitôt le couple typique qu'on croise dans toutes les grandes métropoles du monde. Elle, enveloppée dans son tchador, ploie sous le poids de la chaleur et de l'humiliation; lui, dévêtu et ne portant qu'un short et un polo Hilfiger, des souliers de course Nike et un jabot gonflé de fierté, marche un mètre devant elle. Ce couple, on le croise à Paris, à Copenhague et à New York. À Montréal, aussi.

Une amie m'a récemment décrit une variante de ce modèle: elle, prisonnière de pied en cap d'une bure noire et le visage dissimulé sous un épais voile de même couleur; lui, plus dévêtu encore, en maillot de bain seulement. Aussi fictive qu'elle puisse paraître, cette scène a été croquée sur une plage à la mode de la Côte d'Azur par une chaleur torride.

Il y a une autre considération dont j'ai pris connaissance il y a peu de temps, soit les problèmes de santé que peut causer le port du *niqab*, ce voile qui couvre tout le visage, à l'exception des yeux. Une femme qui le porte est prédisposée à des problèmes pulmonaires et à l'asthme en raison de la grande quantité de dioxyde de carbone qu'elle respire. De même, elle risque de développer des problèmes d'ostéoporose causés par une carence de vitamine D, faute d'exposition au soleil.

Je ne porte plus le voile depuis plusieurs années, mais ce sujet demeure complexe à mes yeux et, malgré plusieurs arguments en sa défaveur, je ne crois pas qu'il faille l'interdire à celles qui souhaitent s'en revêtir. Les femmes subissent déjà trop d'interdits. À elles de décider... à condition, entre autres, d'avoir accès à toute l'information nécessaire pour y voir clair.

Violence extrême noyée dans le pétrole

Il y a quelques années, un acte de terrorisme collectif a atteint un sommet de férocité en Algérie. Ce crime sanglant perpétré contre les femmes algériennes, demeure presque inconnue du monde tant les manœuvres pour l'étouffer ont été bien orchestrées et efficaces.

Cette affaire a comme point de départ une histoire d'honneur. Et l'honneur tourne toujours à l'horreur pour les femmes.

On est le 13 juillet 2001 et c'est la nuit. Une nuit torride. Dans le quartier d'El Haïcha de la ville de Hassi Messaoud, trente-neuf femmes qui osent vivre seules, c'est-à-dire sans homme, dorment avec leurs enfants dans de pauvres maisons. Pendant ce temps, une horde sauvage de trois cents hommes, galvanisés par l'imam du quartier qui les a sommés de chasser ces fornicatrices, se préparent à exécuter leur mission punitive. La force du nombre leur donne un avantage qu'il serait vain de vouloir combattre. Sans risque, les fanatiques islamistes séquestrent les femmes, les agressent, les violent, les torturent, les lynchent et les mutilent avec une rare férocité.

Clamant des *Allah Akbar*, c'est-à-dire «Dieu est grand», les assassins ne reculent devant aucune atrocité. Les nombreuses agressions à l'arme blanche mutilent les corps et les visages de plusieurs femmes. D'autres sont traînées nues dans la rue sous les regards épouvantés des habitants de ce quartier déshérité. Les barbares enterrent même certaines de ces femmes vivantes. Le cœur plein de haine, ils nettoient leur quartier en punissant au nom de Dieu celles qui le salissent et y attirent le diable.

La majorité de ces femmes provenaient du nord du pays et travaillaient à Hassi Messaoud comme domestiques dans les compagnies pétrolières étrangères. Dans l'esprit islamiste, des femmes seules qui travaillent, et pour des étrangers en plus, ne laissent aucune place au doute. Ces femmes sont des traînées et des prostituées, et il faut les mutiler jusqu'à la mort.

*

À la suite de ce raid brutal, il y a eu un procès, suivi d'un autre, puis d'un autre encore. Mais jamais ces êtres sanguinaires n'ont reçu de véritables punitions. La plupart ont été acquittés.

Presque toutes les survivantes, soumises à une pression intenable et terrorisées par les menaces des familles des criminels, ont préféré se tenir à l'écart et ne pas porter plainte.

Trois femmes, Rahmouna, Fatiha et Nadia, ont cependant tenu tête à leurs tortionnaires et se sont présentées à chaque procès. Trois noms qui ne doivent pas être oubliés. Ces trois femmes ont déclaré se sentir comme si elles étaient les bourreaux, tellement le regard porté sur elles était rempli de haine. Quant à ces hommes bestiaux, ils passaient pour les victimes.

Rahmouna, mère de trois enfants, a erré dans les rues, en hurlant que ses tortionnaires avaient tué tout germe de vie en elle et qu'elle aurait préféré mourir. Dans la rue près du tribunal, elle a crié haut et fort que cette justice était faite par et pour les hommes et que les femmes n'avaient droit qu'à une parfaite injustice. Qu'est devenue Rahmouna? Nul ne semble le savoir.

Parmi les victimes, Fatiha a été la plus persévérante. Elle a confié son bébé à sa belle-famille pour venir d'une ville de l'ouest du pays dans le seul but de montrer que c'était les agresseurs dépravés qui devaient avoir honte, et non pas elle. Au tribunal, Fatiha a posé des questions qui n'appellent pas de réponse:

— Comment pourrais-je pardonner à quelqu'un qui m'a sodomisée avec un manche à balai et qui a lacéré mes seins? Comment Nadia pourrait-elle accepter de pardonner à celui qui l'a torturée, puis violée? Comment Rahmouna pourrait-elle oublier que des jeunes de l'âge de ses enfants lui ont déchiré le sexe et les cuisses?

Fatiha a encouragé les autres victimes à signer une lettre adressée au président de la République, le suppliant d'intervenir pour accélérer les procédures judiciaires contre ceux qui ont brisé sa vie et celle de trente-huit autres femmes. Le président n'a pas daigné répondre à sa requête pressante. Fatiha en a conclu que le crime de cette nuit-là, à Hassi Messaoud, était une honte pour l'Algérie et illustrait bien le statut d'infériorité dans lequel les femmes sont maintenues.

Comble d'injustice, plusieurs des victimes de ce crime demeuré impuni n'ont pu retourner chez elles.

Des émissaires avaient pris soin de raconter aux familles que leur fille, sœur ou mère vivait dans des maisons de prostitution au moment du crime et qu'elles avaient été attaquées par des gens qui voulaient purifier le quartier. Les familles avaient semblé accorder crédit aux mensonges de ces émissaires.

Ce qui m'indigne par-dessus tout dans ce drame horrible, c'est que le gouvernement algérien n'a pas cessé, durant toutes ces années qui ont suivi, d'étouffer l'affaire et de repousser le jugement des tortionnaires. Après tout, ces trente-neuf «impures» méritaient-elles autant d'attention? De là à penser qu'elles n'étaient peut-être pas tout à fait innocentes, il n'y avait qu'un pas que les autorités ont semblé franchir assez vite.

Le premier jugement rendu par le tribunal a été tellement scandaleux que le procureur lui-même a fait appel. Par la suite, pour le soustraire aux influences locales, le procès a été déplacé dans une autre ville.

Ce procès était en voie de devenir exemplaire, car les événements du 13 juillet 2001 avaient été précédés d'une série de crimes similaires, des attaques et des actes de violence divers contre des femmes seules dans les grandes villes algériennes de Ouargla, Remchi, Bordj, Tebessa... Tous des crimes restés impunis.

Les procédures judiciaires indûment longues avaient une autre fin, on s'en doute fort, que la protection des femmes. Le gouvernement ne tenait-il pas à n'importe quel prix à étouffer cette affaire, à éviter que la presse, surtout la presse internationale, ne s'en empare et nuise en définitive aux entreprises œuvrant sur le marché florissant de l'exploitation du pétrole dans la cité?

*

Chaque fois que des crimes sont commis sur des femmes, le bon peuple, de concert avec les autorités, proclame que ce sont des prostituées. Il se porte invariablement à la défense des agresseurs et des tueurs, en alléguant qu'il s'agit de bons pères de famille, soucieux de la propreté morale de leur ville, et qu'en somme ils n'ont puni que des pécheresses. Ces arguments portent encore leurs fruits et parviennent à faire taire toute une société devant la violence exercée contre les femmes.

Si la cruauté barbare a connu un paroxysme ce 13 juillet 2001, il ne s'agit pas pour autant d'un cas isolé. Ainsi, je me souviens de l'époque où je vivais encore en Algérie, durant ces années sanglantes du terrorisme. Je me rappelle en particulier les témoignages de certaines femmes qui y avaient survécu. L'une d'elles racontait comment les terroristes prenaient plaisir à torturer leurs victimes. Quand ils se lassaient d'une de leurs esclaves, après en avoir abusé selon leur bon vouloir, ils cassaient des bouteilles de verre et la forçaient à s'asseoir sur les tessons.

Toutes ces femmes et ces jeunes filles victimes des terroristes remplissent les centres et les asiles d'Algérie, dans l'oubli général. La plupart avaient été enlevées à la cellule familiale qui désormais n'en voulait plus.

*

Que s'est-il donc passé pour que des êtres appartenant pourtant à la race des humains en viennent à commettre, au nom de l'islam, des actes aussi sombres et désespérants, et pour le motif d'aller au paradis où soixante-dix houris[5] les attendent? Soixante-dix! D'où viennent ces pratiques haineuses envers les femmes, alors que l'islam commande pourtant aux bons musulmans d'en prendre soin? Ne sont-elles pas leurs mères, leurs épouses, leurs sœurs et leurs filles, aussi bien que le pilier de la famille? Plutôt que d'avancer, l'humanité recule! L'islam a reconnu aux femmes des droits identiques à ceux de l'homme, qui ne cesse de les défigurer.

Cet été-là de 2007, devant la découverte de tant de mauvais traitements et de malveillance, j'étais très en colère et au bord de la saturation. J'avais grandement besoin de voir et de vivre autre chose. Mais je restais néanmoins préoccupée par toute cette injustice que je ne finissais plus de constater, par les droits qu'on accorde aux hommes et ceux qu'on refuse aux femmes.

Pourquoi donc les choses évoluaient-elles si lentement? Pourquoi la lutte des femmes se heurtait-elle toujours à des traditions aussi inhumaines?

Partout et toujours, le mépris de la femme a pris sa source dans la religion, à savoir que les hommes se sont réclamés de la volonté divine pour soumettre leurs compagnes à leurs quatre volontés et leur faire subir les traitements les plus humiliants. Il y a certainement abus dans l'interprétation des textes sacrés, mais ces textes donnent tout de même prise à des iniquités, que l'opportunisme des hommes n'a pas manqué d'exploiter à leur avantage.

Plusieurs des grandes religions qui ont cours sur la

---

5. Beautés célestes que le Coran promet au musulman fidèle dans le paradis d'Allah.

planète, telles que le christianisme, le judaïsme et l'islam, prennent leur source dans la Torah, dont l'inspiration remonte à plusieurs millénaires. Toutes accordent à la femme un rôle subalterne, en la soumettant à l'autorité de l'homme, en minimisant souvent son droit d'accès au savoir, en réduisant son rôle social à l'enfantement et à l'éducation des enfants. Sans doute, les religions réprouvent-elles la violence à l'égard des femmes, mais comment empêcher que les inégalités cautionnées par les textes sacrés ne soient utilisées en fonction d'intérêts personnels, bien plus souvent matériels que religieux?

Par ailleurs, les quelques connaissances que j'ai acquises sur les principales religions m'indiquent que les principes sur lesquels se fonde l'islam ne sont pas plus réducteurs du rôle des femmes et du traitement qu'elles méritent, au contraire. Le Coran et les hadiths sont même particulièrement explicites sur le respect dû aux filles, aux épouses et aux mères. Ainsi, si le monde musulman est aujourd'hui celui où la femme est le plus largement traitée en inférieure, ce ne peut être que par l'effet d'un dérapage contraire à l'esprit des textes. Et, là encore, la religion n'a rien à y voir. Pour un certain nombre d'hommes, il est vraiment trop pratique d'avoir à sa disposition une esclave qu'on exploite sans vergogne et sur laquelle on peut passer ses frustrations et son agressivité.

Un cadeau du ciel

Notre subconscient est un fin observateur qui nous indique parfois la voie à suivre. Si on l'écoute, il nous conduit hors du quotidien fastidieux qui rarement se pare de rose.

Un soir de cet été-là de 2007, donc, il y avait un mois que j'étais en Égypte et il me restait une dizaine de jours devant moi avant de revenir à Montréal. Je me suis hâtée de rentrer à l'appartement. J'étais remplie de colère; j'en avais assez entendu, des récits d'horreur, j'étais saturée d'injustices. Il n'y avait qu'une chose à faire, me coucher au plus vite, en rêvant à des jours meilleurs. C'est ce que j'ai fait et mon subconscient s'est alors mis au travail.

Le lendemain, je me suis promenée dans les rues du Caire à bord d'un taxi, balayant les paysages d'un regard vague et lointain. J'étais absorbée dans mes pensées quand j'ai aperçu dans une voiture proche de celle que j'occupais un jeune homme qui me fixait en souriant.

« Pour qui me prend-il ? ai-je pensé. *Il est trop jeune pour flirter avec moi, de toute façon. »*

Mais je me suis sermonnée aussitôt : *« Pourquoi crois-tu cela, Samia ? Est-ce parce que c'est un homme et que tu crèves de peur en raison de tout ce que tu as enduré auparavant?»*

Ce simple échange de regards m'a propulsée des années en arrière, lors de ma rencontre avec Hussein. Hussein, qui m'avait redonné goût à la vie, avait été en quelque sorte une preuve que tous les hommes n'incarnaient pas le diable.

«Fort bien, Samia. Mais tu n'as plus vingt ou trente ans, et ce jeune homme ne cherche qu'à s'amuser. Détourne ton regard et pense à autre chose. Tes enfants t'attendent.»

Mais ses yeux étaient si attendrissants et il avait l'air si gentil que je ne me sentais pas la force de résister. Pourquoi devais-je encore renoncer à mes désirs et me préoccuper du regard des autres? Ne m'étais-je pas battue pour fuir ces règles de conduite qu'on m'obligeait à suivre? Moi seule, maintenant, devais décider de ma vie et personne d'autre.

«Allez, souris-lui. Advienne que pourra.»

Je lui ai souri en me donnant du courage avec cette pensée futile: *«Je m'en fous.»* Il était content, ses yeux l'exprimaient. Moi aussi, je devais bien l'admettre.

«Samia, est-ce bien sérieux, ce que tu fais là?»

J'ai fait taire aussitôt ma conscience et je l'ai dissimulée dans ma poche avec ordre de garder le silence. J'ai quitté le taxi près d'un centre commercial et il m'a imitée. Il est venu vers moi, mais il était trop jeune. Il était à peine au début de la trentaine. La différence d'âge était visible; pourtant, c'était moi qui me sentais toute petite devant lui. J'étais intimidée comme une adolescente. Je tremblais presque et je ne savais plus comment poursuivre ce chassé-croisé. Il a heureusement fait preuve de sang-froid.

— Vous m'excuserez, mais je n'ai pas su résister à vos yeux, s'est-il empressé d'expliquer en riant. Vous devez penser que j'ai l'habitude de faire ça. Je vous jure que non. D'habitude, j'aborde les femmes dans la rue ou dans les cafés.

— Est-ce que je suis censée rire, ou me trouver chanceuse d'avoir été approchée différemment des autres?

— Pourquoi pas les deux? a-t-il fait, intimidé à son tour.

Désarçonnée, je lui ai à nouveau souri, ce qui ne m'a pas empêchée de poser la question qui me brûlait les lèvres.

— À part mes yeux, n'y a-t-il pas quelque chose qui pourrait gâcher ce plaisir?

— Tout me fascine en vous, pas seulement vos yeux. Et je suis sincère. Si nous allions prendre un café ensemble, je pourrais vous expliquer.

Les éventuels commérages me laissaient perplexe, certes, mais j'appréhendais davantage l'après-café. Que se passerait-il? On se plairait, on se reverrait. Et puis quoi? Ensuite, on s'habituerait l'un à l'autre et on ne voudrait plus se quitter. Peu après, on dépendrait complètement l'un de l'autre. Dans la paix ou dans la guerre. J'avais déjà été amoureuse, mais où cela m'avait-il menée?

Le jeune homme me scrutait en se demandant sûrement pourquoi j'avais tant besoin de réfléchir avant d'accepter une proposition aussi anodine. Dans mon esprit en folie, les idées se livraient une bataille épique. Maintenant qu'il n'y avait plus personne pour m'imposer des règles, je n'hésitais pas à prendre le relais et à m'en fixer moi-même.

Au fond, il n'y a rien de surprenant dans ce réflexe si bien conditionné. La peur de commettre des bêtises commence quand on nous assène ce qui est devenu une vérité chez nous : « Les femmes manquent de cerveau. » Pas étonnant de manquer non pas d'intelligence, mais de confiance en nous par la suite.

« Samia, ce jeune homme t'attire et tu le trouves intéressant. Ne cherche plus midi à quatorze heures. Fonce et ne regarde ni devant ni derrière toi. »

— C'est d'accord pour un café, lui ai-je enfin répondu avec le même sourire timide.
— J'en connais un bien joli dans le coin.

Je n'ai pas à cacher que j'étais heureuse et fière tout à la fois de marcher à ses côtés. Heureuse d'abord, parce qu'il y avait fort longtemps que je ne m'étais trouvée en compagnie d'un homme. Et fière, parce que c'était un bel homme que n'importe quelle femme aurait aimé avoir à ses côtés. Quant aux préjugés et autres stéréotypes, je préférais m'en distancer.

Si un homme est accompagné d'une femme plus jeune, personne ne trouve rien à redire tant la situation paraît normale. Il n'est pas rare même d'entendre dans ce cas des commentaires presque émus. Toujours la même rengaine, ce bon vieux principe de deux poids, deux mesures. Dans un cas, c'est : « Comme ils ont l'air heureux ! » Dans l'autre, c'est plutôt : « Grand Dieu, il a l'air de son fils. »

Somme toute, l'émancipation atteint ses limites lorsqu'elle croise les préjugés d'autrui.

Les qu'en-dira-t-on et les limites de ma liberté n'y changeraient rien, car j'étais décidée à prendre un café avec ce jeune homme et à en apprendre plus sur lui. Pendant qu'il parlait, j'examinais son profil avec discrétion : vraiment trop mignon. Il vivait avec son père et sa sœur, ses parents avaient divorcé lorsqu'il avait six mois, il en avait souffert et avait toujours recherché l'affection chez une femme, me racontait-il. Côté professionnel, il exploitait avec son père une agence d'import-export.

— Je m'appelle Ramy. Et vous ?
— Samia.

D'un air moqueur, j'ai continué :

— Et je suis bien plus âgée que vous.
— Eh bien, parce que vous êtes plus âgée, je vais vous surnommer *Sama* et non Samia.

En arabe, *sama* veut dire ciel, et qu'un homme m'appelle ainsi me ravissait. Essayait-il de me séduire ou était-il sincère ? Je ne savais trop. Chose sûre, mon cœur se débattait dans une cage thoracique trop étroite. Quel âge pouvait-il avoir ?

« Samia, est-ce raisonnable ? »

Mais qu'est-ce qui aurait été vraiment raisonnable ? Que je me méfie de tout un chacun et que je ne baisse jamais la garde ? Ou alors que je cherche à cultiver un espace de confiance et ainsi à préparer un terrain plus fertile au bonheur en réparant le passé ?

Mon voyant lumineux intérieur m'indiquait cependant que je choisissais la mauvaise personne pour enfin espérer être heureuse. Mais j'ai tourné le dos à cet avertisseur de malheur.

Durant plus de trente ans, j'ai vécu sous la botte du père, des frères, du mari agresseur et, autre conséquence curieuse de cet état de dépendance, j'aime prendre des risques. Aujourd'hui, c'est moi qui décide, même si je doute souvent de mes décisions.

Là, je n'avais rien à perdre, au contraire. Une expérience grisante m'était donnée à vivre et, si elle se transformait en désenchantement, je n'en mourrais certainement pas. Je me remettrais sur pied comme d'habitude et je continuerais mon petit bonhomme de chemin, comme une grande fille qui a si bien appris à le faire. Après tout, ce ne serait pas ma première déception.

Le café était convivial, et lui, très courtois. J'ai voulu m'asseoir sur un petit siège, mais il m'a invitée à prendre place à ses côtés, sur le grand sofa, en me tenant la main.

— Vous vous tenez bien loin. Avez-vous peur de moi?
— Je n'ai peur de personne, ai-je répliqué avec une assurance que j'étais bien loin de ressentir.

Frondeuse, j'ai ajouté:

— Surtout pas d'un homme.

Il a fait signe au garçon en me demandant ce que je désirais.

— Un jus de mangue, s'il vous plaît.

— C'est moi qui invite, et ça me ferait un énorme plaisir si vous mangiez quelque chose.

— On devait seulement prendre un café, ai-je rouspété.

— Ça, c'était au début, a-t-il plaidé avec un sourire adorable, quand je ne savais pas si vous alliez accepter. À présent, j'insiste pour que vous partagiez un morceau avec moi.

« Il est craquant. Fais gaffe, Samia. C'est comme ça que tu te fais prendre à chaque fois. »

Sous le charme, je me voyais tomber dans un piège où je ne serais pas la plus forte. Toute la soirée – oui, nous avons passé la soirée ensemble –, je le regardais en sentant une vive attirance s'épanouir. Que cette soirée ne prenne jamais fin, là était mon plus grand désir. Et je n'avais pas la moindre envie de mettre un terme à ce manège incroyable, et pourtant si réel.

*

Nos rencontres rapprochées ont vu éclore un sentiment amoureux. Je ne me rappelais pas avoir été aussi heureuse. Je retombais en adolescence et un festin somptueux me présentait sur un plateau d'argent ces mille et une petites folies qui avaient été autant de privations dans ma jeunesse.

Ramy me faisait rire et je me sentais renaître. J'ai pris la décision de goûter chacun de ces moments-diamants, un jour à la fois. J'avais le cœur emballé. Il était impensable que je passe à côté de la plus belle offrande que la vie m'ait proposée jusque-là : une histoire d'amour romantique à laquelle je rêvais depuis si longtemps et dont j'avais un réel besoin. Même le danger n'allait pas m'arrêter, ni l'accélération un peu forcenée de cette démarche amoureuse.

L'aurais-je voulu que j'aurais été incapable de m'opposer à la force incroyable du désir de découvrir et d'aller plus loin. Je voulais que la tendre fantaisie continue, en dépit de tout ce qui pourrait se dire et se passer plus tard.

Dans ce chamboulement amoureux, mon pacte avec Dieu demeurait limpide : je profiterais de tout ce qui me serait offert, au jour le jour, et surtout je ne refuserais jamais un cadeau du ciel, un cadeau tel que Ramy. Bon ou mauvais pacte? Seul l'avenir le savait.

Au début, je lui ai menti sur mon âge. J'avais quelque cinq ou six années de moins et, à l'inverse, il en avait ajouté quelques-unes. Au fur et à mesure de nos rendez-vous, j'ajoutais un an ou deux, alors que lui en soustrayait autant. Ce jeu de cache-cache me troublait et je sentais poindre le danger. Il était trop jeune et la différence d'âge m'angoissait. Ce fait inéluctable me tourmentait de plus en plus; j'en perdais même le sommeil.

Mais le temps a passé, selon son habitude, et j'ai oublié jusqu'à mon âge. Avec lui, non seulement je retrouvais ma jeunesse, je prenais ma revanche sur ceux qui l'avaient bafouée. Et ces émotions étaient délicieuses.

En outre, au fil des rencontres, je découvrais un être objectivement attachant, bien différent de tous ceux que j'avais côtoyés jusque-là. Il était fragile et attendrissant. En outre, il m'offrait non seulement l'amour, mais également la protection, la sécurité. Peu d'hommes m'avaient démontré une telle générosité.

Une fois de plus, j'étais confortée dans mon opinion, à savoir que tous les musulmans ne sont pas intégristes, fanatiques, impitoyables envers les femmes. Une minorité d'entre eux suffit à faire de l'islam une religion de terreur. Mais il faut se garder de généraliser.

Plus tard, Ramy m'a présentée à sa famille. D'abord à son unique sœur et à son fiancé, ensuite à sa tante qui l'avait élevé et à son fils. Et enfin, à son père. Il va de soi que je redoutais ces présentations. Je craignais surtout la réaction de son père, un homme de soixante-sept ans, à l'allure fière et à la belle carrure d'homme d'affaires à la retraite. Mes craintes se sont avérées inutiles. Dès le premier instant, son père m'a prise dans ses bras et, dans un geste de complicité avec son fils, il a prononcé les mots souhaités :

— Elle est charmante!

La glace était rompue et mes craintes avaient fondu.

Même dans les meilleures familles

Quelque temps après les présentations, nous étions tous deux attablés dans un bistro en compagnie de Ryham, la sœur de Ramy, et Ali, son fiancé. Nous avons eu un léger différend. Sujet en litige : les femmes, bien sûr! J'ai abordé la notion du droit des femmes dans l'islam et, d'un propos à l'autre, nous en sommes venus à la question de l'excision.

À ma grande surprise, la sœur de Ramy avait été excisée à l'âge de trois ans. Je suis restée bouche bée devant cette réalité : une famille que je croyais émancipée avait pratiqué cette barbarie sur sa fillette. Je voulais en avoir le cœur net et mener jusqu'au bout la discussion afin d'essayer de comprendre cette tradition.

— Ramy, est-ce que tu approuves cette pratique?
— Je suis stupéfait, *Sama*. Je n'avais jamais su jusqu'à aujourd'hui ce qui est arrivé à Ryham.
— Que se passe-t-il? s'est interposé Ali, l'air énervé. C'est Dieu qui l'a ordonné. Les hommes n'y sont pour rien, ni les traditions.

Et sur un ton affirmatif, il a poursuivi :

— C'est Allah qui le veut, et c'est écrit dans le Coran.
— Allah n'a jamais prescrit d'exciser les petites filles. Je te défie de trouver le verset du Coran qui

recommande cette coutume venue de certaines traditions africaines.

Le ton a monté d'un cran et Ramy nous l'a fait remarquer.

— Chut! On nous regarde.
— Ce que je viens d'entendre me trouble au plus haut point. Et Ryham ne dit pas un mot. Ça la concerne, non?

Ryham était bouleversée par cet échange agressif, mais elle se taisait. Comme bien des femmes, elle préférait acheter la paix au prix d'un silence qui serait interprété comme un acquiescement. Pour elle, cette mutilation subie à trois ans était sans doute une étape normale. De plus, on ne lui avait jamais demandé son opinion. Mais en avait-elle souffert?

De tourner ma langue sept fois dans la bouche avant de parler n'a pas suffi à me calmer.

— Et toi, Ryham, qu'en penses-tu?

Elle nous a regardés à tour de rôle avant de me dire, l'air inquiet :

— Je ne me suis jamais posé la question. Pour moi, c'est ainsi et cela ne devrait pas me nuire, non?
— Je sais que nous respectons les normes et que ça ne va pas déranger notre vie de couple, au contraire, s'est empressé de conclure Ali.
— Que veux-tu dire par « au contraire »? Que les femmes qui ne sont pas excisées dérangent la vie de couple?

Les relations sexuelles chez les femmes excisées sont couramment source d'angoisse, parfois traumatisantes, en raison des douleurs qui les accompagnent. La diminution, la disparition même, parfois, de la sensibilité sexuelle chez la femme ne crée certainement pas un climat favorable à l'épanouissement de la vie de couple.

Quand j'ai appris à Ali les difficultés que pouvait engendrer la clitoridectomie dans la relation de couple, il s'est montré surpris, mais il s'est vite rabattu sur des clichés vieux comme la Terre pour défendre le bien-fondé de cette pratique. Selon lui, mes arguments n'étaient que ragots ou médisances visant à ternir la religion musulmane. Devant tous, j'ai persisté en réitérant que la présumée obligation religieuse n'était qu'une supercherie.

— Ce que je sais, c'est qu'Allah a imposé l'excision pour une raison, a riposté Ali sur un ton ferme. Cette raison, seul Allah la connaît. Et je ne veux plus en parler, Samia.

Comme il est facile d'invoquer Allah pour justifier son ignorance ou son hypocrisie! Imposer des règles, puis prendre Allah à témoin, c'est se réfugier derrière une argumentation en béton. Quelle femme arabe, vivant dans le plus grand état de dépendance, oserait contredire la parole de Dieu?

Cette tradition barbare, ainsi que les autres formes de mutilations génitales féminines, tant de fois condamnées ici et ailleurs, continuent d'avoir cours dans nombre de pays musulmans. Et pourtant, ces mutilations peuvent tuer.

Les bien-pensants prétendent que les fillettes doivent être excisées pour assurer la pureté et la virginité des filles au moment du mariage et la fidélité des épouses après. Ils préfèrent ignorer que nombre de filles excisées ne sont ni pures ni vierges et que l'excision n'est pas non plus un gage de fidélité chez les épouses. À tort, ils soutiennent que l'excision garantit la fertilité, alors que précisément elle peut entraîner la stérilité. Elle rend l'accouchement difficile et trop souvent provoque la mort du nouveau-né, parfois celle de sa maman.

Ces personnes se réclament des préceptes de la religion. Aucune religion, l'islam inclus, ne peut encourager les mutilations des petites filles. Ce ne sont là que des pratiques coutumières.

Un fait est certain, la nécessité de l'excision est une croyance bien ancrée dans les mentalités chez certains peuples. Je me demande si ce n'est pas plutôt un moyen assez facile de contrôler la sexualité des femmes. Sous prétexte de respecter coutumes et traditions, l'excision s'ajoute à la panoplie des moyens d'oppression des femmes dans nos sociétés, en portant atteinte à leur intégrité et à leur dignité.

Ma réflexion ne laisse aucun doute dans mon esprit. En définitive, les coutumes, les traditions et les pratiques qui attentent à la vie et à l'intégrité des femmes sont autant de symptômes de leur infériorisation sociale et politique. Inhumaines et contre nature, elles doivent disparaître à jamais. Une société civilisée ne peut les tolérer, et encore moins les accepter.

Plusieurs filles à travers le monde, hélas! restent persuadées qu'il en va de leur intérêt d'être excisées. Elles connaissent par cœur la leçon apprise dès le plus jeune âge et cela me chagrine au plus haut point de les voir approuver la mutilation de leur corps. On leur fait croire insidieusement qu'il y a deux passages importants dans la vie d'une femme, soit le jour de son excision et celui de son mariage. Ce ne serait qu'après avoir été soumise au premier rite qu'elle serait capable de s'engager dans le second, menant à sa vie d'adulte. Après quoi, on lui fait miroiter une fête remplie de cadeaux, et la partie est gagnée. La plupart ne savent rien des douleurs et des souffrances qu'elles devront endurer par la suite, ni des séquelles qu'elles garderont de l'intervention.

Encore maintenant, des peuples restent persuadés que le clitoris peut empoisonner un homme ou un nouveau-né au moment de la naissance. D'autres croient que le clitoris est un organe masculin et que, en toute logique, il est préférable de le couper afin que la petite fille puisse devenir une femme à part entière. D'autres encore savent bien que cet organe sexuel peut perturber l'honneur de la famille, qu'il faut préserver même au prix de la santé physique et de l'équilibre psychique des enfants de sexe féminin.

Même si l'excision est contestée depuis presque quarante ans et qu'elle est maintenant condamnée, interdite et punissable dans au moins treize pays africains[6], trop d'hommes refusent encore d'épouser des femmes non excisées, ce qui ajoute de la pression sociale sur celles qui désirent se marier.

En écoutant mes propos, Ryham a admis sur un ton troublé :

---

6. Cette donnée provenant de l'UNICEF se jumelle à cette autre qui estime que vingt-huit pays africains pratiquent encore l'excision de façon plus ou moins systématique. Ainsi, l'excision touche dans certains pays plus de 85 pour cent des femmes, et moins de 25 pour cent dans certains autres.

— J'étais une enfant. Si on me l'avait demandé, j'aurais refusé. Je n'ai compris tout cela qu'une fois adulte. Quels effets ça aura, je n'en sais rien. Je vais faire attention à moi et à mon couple. Merci de m'avoir ouvert les yeux. Ici, on continue à croire qu'il s'agit d'une pratique religieuse.

— Bien sûr que oui, a crié Ali, qui s'impatientait, ce sont nos pratiques religieuses. C'est Allah qui le veut.

Que peut-on opposer à pareil entêtement qui se réclame de la volonté de Dieu, alors que seule la volonté humaine est en cause? Il n'était pas étonnant que Ryham porte le voile. Si elle s'y résignait, ce n'était certainement pas par choix, puisque la famille de Ramy est plutôt émancipée et tout à fait libre vis-à-vis de ces pratiques fondamentalistes. Mais, dans les pays musulmans, les filles, souvent, sont soumises soit à la volonté de leurs parents, soit à celle de leur fiancé ou de leur mari. Et, manifestement, Ali prenait son autorité et ses convictions très au sérieux.

Je suis tout de même d'avis qu'il faut continuer de débusquer avec acharnement l'intérêt d'une société à défendre envers et contre toute logique les pratiques rituelles de mutilations génitales. C'est là ma croyance la plus absolue. Seule la ténacité peut arriver à changer des traditions aussi bien ancrées dans les mœurs. À ce sujet, j'admire les actions posées par le mouvement français *Ni putes ni soumises* qui, dernièrement, a obtenu le Statut consultatif à l'ONU, ce qui lui permet d'être un interlocuteur privilégié sur la scène internationale. Coïncidence, sa présidente depuis juin 2007, Sihem Habchi, est née en Algérie, à Constantine, de parents immigrés algériens.

Le « ciel » de Ramy

Mon voyage amoureux au Caire se prolongeait, mais je ne perdais pas de vue la cause des femmes de la rue que j'avais endossée. Ramy encourageait mes démarches, mais il me conseillait quelquefois de ne pas trop prendre à cœur cette réalité sociale qui me ruinait. Il estimait que ce que je pouvais faire n'était qu'une goutte dans l'océan. Pour ma part, je persistais à plaider qu'il valait mieux sauver une ou deux femmes et que cette goutte représentait précisément un océan pour celles concernées par mon geste. Et que leur salut, comme l'océan, était immense à mes yeux.

Les jours et les semaines ont passé et je m'attachais de plus en plus à Ramy. En parallèle, mon travail auprès des femmes en détresse me paraissait plus utile encore. Mais j'avais une famille, des enfants et une maison qui m'attendaient. Comme une pomme coupée en deux, je ne parvenais pas à trouver la manière de joindre les deux portions, bien réunies à leur place, côte à côte dans un même panier.

Ramy m'aimait du fond de son cœur, je le sentais. Mon instinct s'accordait et vibrait au même diapason. Je l'aimais en retour, mais je me sentais déchirée entre l'idée de rentrer chez moi pour m'occuper de mes enfants et celle de prolonger mon séjour en Égypte.

Désormais, j'aurais deux raisons de revenir au Caire, la cause de ces femmes que j'aidais et Ramy que j'aimais.

*

Malheureusement, le jour du départ est arrivé.

Nous pleurions tous les deux dans l'aérogare. Jamais je n'aurais pensé qu'un homme pleurerait mon départ. Nous étions comme deux enfants qui ne peuvent se séparer. Tous les regards étaient tournés vers nous : deux êtres manifestant leurs sentiments amoureux en public, c'était très mal vu. Mais nous nous en moquions. Nous nous tenions enlacés au vu et au su de tout le monde.

Ramy est jeune et beau. Au début, je vivais ce flirt comme un jeu, une rigolade. Nous étions deux gamins qui jouaient ensemble et s'amusaient. Une attirance irrépressible, devenue une quasi-obsession, a changé le cours des choses. Cette relation a ouvert mon esprit à de nouvelles expériences. Elle m'a injecté une forte dose de confiance en moi et en la vie, et a rallumé une flamme d'espoir qui brûle encore. J'ai compris qu'il n'est jamais trop tard et qu'il y a autre chose à faire que d'attendre un obscur je-ne-sais-quoi. J'ai aussi compris le véritable sens du dicton : «La vie n'attend pas.»

Il est bien vrai que le bonheur nous rajeunit. Il consolide nos assises et nous donne un petit air effronté devant le maître du temps.

«Tu ne m'auras pas aussi facilement, car je suis en rattrapage et tu as une grande dette envers moi.»

Tout se passait comme si j'avais voulu me venger et

récupérer ces années dont j'avais été spoliée. Elles étaient ma propriété et pourtant des voleurs s'en étaient emparés. Que justice soit faite : les années à venir m'appartenaient et je n'avais aucune intention de laisser quiconque me les dérober de nouveau.

En plus, Ramy me faisait vibrer. Il n'était ni autoritaire ni trop porté sur la religion. Avec lui, je pouvais tout faire sans être critiquée. Et surtout, il connaissait tout de mon passé.

J'aspirais au bonheur d'une manière obsédante. Et que je me sente honteuse devant ce bonheur enfin venu était plus qu'injuste.

*

De retour chez moi, je me suis hâtée de raconter dans le menu détail mon aventure amoureuse à ma fille Norah, qui n'a pas pu cacher son étonnement. Il n'y avait aucun encouragement dans son écoute. Connaissant bien ma fille, je ne pouvais faire autrement que de voir une sourde réprimande dans son attitude. Si elle réagissait ainsi, ce n'était guère prometteur pour la suite des choses.

— Pourquoi n'es-tu pas heureuse pour moi ? Aujourd'hui, tu as un homme qui t'aime, qui te protège et qui prend soin de toi. Vous aurez bientôt un bébé. Tu es heureuse. Mélissa aussi est heureuse. C'est ça, la vie, non ? Je suis votre mère, mais aussi une femme qui a encore besoin d'être aimée, tu ne crois pas ?
— Mais oui, maman, je crois ça. Mais tu aurais dû choisir quelqu'un de moins jeune. J'ai peur de devoir te ramasser tôt ou tard à la petite cuillère.
— Tu crois que je cherchais un jeune ? Tu connais ta

mère mieux que ça. C'est venu sans que j'y prenne garde. Pour moi, c'est un cadeau du ciel et je l'accepte en refusant de m'attarder à ces considérations superficielles.

Tout bien pesé, Norah vivait une phase difficile de sa grossesse et elle avait plutôt peur de perdre sa maman. Que mon homme soit jeune ou plus âgé n'était pas le vrai problème. Elle avait seulement besoin d'être rassurée, de savoir que la présence d'un homme dans ma vie ne modifierait pas mon rôle de mère et que je serais toujours près d'elle.

L'accouchement l'effrayait un peu et elle avait besoin que je l'accompagne plutôt que de rêver à mes amours. Comme il s'agissait de sa première grossesse, elle avait l'impression qu'elle allait accoucher à tout moment. Elle m'en voulait de partir retrouver Ramy et me reprochait de ne pas assez m'occuper d'elle et de ses frères. Elle avait en partie raison : mon engagement auprès des femmes de la rue m'éloignait de mon rôle de mère jusqu'à me le faire oublier, parfois. Un des jumeaux me l'avait d'ailleurs reproché :

— C'est ça, tu t'occupes des femmes là-bas. Mais qui s'occupe de nous?

J'étais vraiment partagée entre des sentiments divers. Là-bas, Ramy me retenait :

— Reste encore!

Je m'étais pourtant promis de ne jamais négliger une cause pour une autre et de mener de front toutes mes passions. Mais il s'en ajoutait une autre assez encombrante dans cet amalgame de désirs.

Ma petite Mélissa, pour sa part, a accueilli ma nouvelle histoire d'amour avec une ouverture dont j'avais bien besoin et qui me laissait croire que je n'avais pas tout à fait tort.

— Maman, pense à toi, pour une fois, et sois heureuse.

Pendant des semaines, j'ai navigué entre des élans et des sentiments contradictoires. En fait, je ne savais plus quoi faire. Une seule idée m'habitait, retourner en Égypte. Je voulais poursuivre mon travail auprès des femmes vivant dans un total dénuement et, bien sûr, revoir Ramy. Je m'endettais de plus en plus, mais la banque continuait de me faire confiance et de croire en mon projet.

Je souhaitais ardemment obtenir d'autres crédits, mais qui pouvait m'aider? De nouveau, j'ai emprunté à mon éditeur et à la banque et je suis retournée au Caire. Une fois, deux fois et de très nombreuses autres fois par la suite. Une drogue n'aurait pas eu un effet d'accoutumance plus intense. Sous l'effet de l'envoûtement, je n'arrivais plus à me passer de ce pays, de ses misères et de son mystère. Et puis, Ramy souhaitait que nous nous mariions.

Il fallait que je me raisonne et que je trouve des solutions, car il n'était pas sage de m'endetter ainsi. Cette situation précaire jouait contre moi et j'attendais un miracle.

*

Norah était à la fin de sa grossesse et risquait d'accoucher d'un jour à l'autre. Ma jeunesse et mes propres grossesses ne manquaient pas de ressurgir dans mes souvenirs. Quand j'étais enceinte de Norah, j'étais aussi excitée que nerveuse à l'approche de sa naissance. Excitée parce que je la désirais très fort, et nerveuse parce que les autres ne partageaient pas mon désir, au contraire. De surcroît, j'appréhendais son avenir et j'avais peur qu'elle soit maltraitée comme je l'avais été.

Norah pleurait maintenant sans raison apparente et j'essayais d'être auprès d'elle, de lui donner le meilleur de moi-même. Et le fameux jour est arrivé.

— Maman, fais vite, m'a-t-elle exhortée. Je suis en pleines contractions.

J'ai accouru chez elle et je l'ai accompagnée à l'hôpital avec son conjoint Patrick. Pendant le lent et long travail, sa souffrance m'a renvoyé à la mienne. Je ne supportais plus de la voir ainsi et je l'implorais d'accepter une anesthésie péridurale. Elle répétait :

— Non, maman, je veux souffrir comme toute femme souffre pour accoucher.

Contre toute attente, ma fille, jeune femme moderne, souhaitait enfanter dans une douleur rendue inutile et désuète par la médecine d'aujourd'hui.

Les contractions plus fortes et rapprochées ont finalement eu raison de l'opiniâtreté de ma fille qui perdait des forces. Elle a enfin abdiqué et a réclamé avec vigueur l'injection anesthésique.

J'étais plus tranquille, alors que le travail avançait et qu'elle ne ressentait plus de douleurs. Des heures et des heures ont passé, et l'adorable Norah-May est venue au monde, faisant de ma petite Norah une maman et de moi une grand-maman.

Norah-May était aussi mignonne que sa maman à la naissance.

*

Le temps s'écoulait et je n'avais pas encore annoncé la nouvelle à Ramy. Il savait bien entendu que ma grande fille attendait un bébé. Mais je trouvais tout

Voici ma fille adorée, Norah, avec sa fille Norah-May, née en avril 2008.

de même difficile de lui annoncer cette naissance. Comment devais-je m'y prendre? «Ramy, tu vas bientôt épouser une grand-mère!» Ou alors: «Ramy ma petite-fille est née, on peut se marier à présent.»

Quelques jours plus tard, je me suis enfin décidée à le mettre au courant.

— Ramy, ma petite Norah-May est née. Elle est ravissante.

— Tu es sérieuse? Et c'est maintenant que tu me le dis? Tu aurais dû le faire plus tôt, pour que je puisse féliciter Norah.

— La nouvelle maman et sa fille ont occupé tout mon temps. Est-ce que ça change quelque chose pour toi?

— À quel propos?

— Notre mariage.

— J'espère que tu veux toujours m'épouser et que tu es toujours la *Sama* que j'aime, petite-fille ou pas.

Après mûre réflexion, j'ai décidé d'épouser Ramy. Je m'étais pourtant promis bien des fois de ne plus me remarier, pas même avec un Québécois. Et j'aurais certes pu être craintive devant l'idée d'épouser un musulman. Deux fois, déjà, j'avais été mariée et les résultats s'étaient avérés très décevants. La première fois, ma relation de couple avait tourné au cauchemar et j'avais bien cru que j'allais y laisser ma peau. Quant à mon second mari, à la première occasion il s'était défilé de ses obligations matrimoniales et familiales; il nous avait abandonnés, ses enfants et moi, sans même se donner la peine de nous aviser.

Mais je connaissais de mieux en mieux Ramy. Il était bien différent des hommes que j'avais rencontrés jusque-là. Sa famille elle-même était loin de professer les principes intégristes qui avaient présidé à mon éducation. En outre, il faut bien l'admettre, l'attirance que j'éprouvais pour lui était irrésistible. On peut bien dire : « Fontaine, je ne boirai pas de ton eau ! » Lorsque les impératifs de l'âme et du corps commandent, on ne peut qu'obéir. L'amour est un moteur puissant auquel il serait vain de vouloir résister. Et Ramy m'avait donné suffisamment de preuves de son affection pour que j'aborde le mariage avec une confiance retrouvée.

Je caressais aussi avec lui le projet de le faire venir au Canada. D'ici là, il me fallait planifier et organiser sa venue, mais aussi déployer tous les efforts pour rassembler le plus d'argent possible et ouvrir un centre capable d'accueillir les femmes et leurs enfants de cet autre monde, devenu un peu le mien.

Je voulais soustraire mes filles au sort réservé aux femmes de l'Algérie.
Je suis très heureuse de les voir enfanter et élever leur enfant dans un
pays où la femme a le droit de prendre la place qui lui revient.
Voici la petite princesse Norah-May, en 2009.

Comme dans un film

Pour la énième fois, je suis repartie vers l'Égypte, cette fois pour épouser l'homme que j'aime. J'ai eu droit à un mariage féerique, comme on en voit dans les films. Il y avait sa famille et ses amis. Mes seules invitées étaient mes protégées Hania et Safia. Personne n'a su qui elles étaient réellement.

Seule ombre au tableau par ailleurs si lumineux de la plus belle nuit de ma vie : l'absence de mes enfants. Quelque chose, ou quelqu'un, manque toujours et rien n'est jamais parfait. Mais quand on reçoit ce qu'on a désiré le plus au monde, on l'apprécie et on en profite. Quand se présentent des moments privilégiés, on les vit à toute allure. Et on n'oublie pas de rendre grâce au ciel.

« Moi, Samia, vêtue d'une belle robe blanche comme n'importe quelle jolie mariée, est-ce bien vrai ? »

Comme je me trouvais belle ! Je le jure, j'avais rajeuni de vingt ans. Nous avons dansé jusqu'à l'aube. Ramy me prenait dans ses bras, au bord du mythique Nil, et toutes les lumières cairotes scintillaient seulement pour nous. J'avais envie de crier ma joie au monde entier.

Ma rencontre avec Ramy nous a menés à un véritable mariage de rêve, un conte de fées qui s'est déroulé aux abords du Nil, sous les lumières des étoiles. Un pur moment de bonheur que j'ai longuement souhaité.

« *Regardez-moi bien. C'est moi, le petit bout de femme qui a beaucoup souffert durant sa vie. C'est moi, celle qu'on a humiliée, frappée, violée, cloîtrée, emprisonnée et forcée à se marier à seize ans. C'est moi, celle à qui on dictait ses tenues vestimentaires et sa conduite, qui subissait un millier d'interdits et qu'un jour on a enterrée vivante. C'est bien moi, ce petit bout de femme.* »

J'étais là, vibrante et vivante, dans les bras de mon homme, en pleine rue, au Caire. Mon être était rempli de la même sensation de liberté que cette fois inoubliable où, avec Mélissa, j'avais découvert les rues de Montréal dans la plus grande euphorie. Une même sensation d'être libre, d'être belle, d'être comme toute femme heureuse. Simplement.

Il était quatre heures du matin dans une calèche au bout du monde; elle était en robe de mariée, lui, en smoking. Dans ce décor poétique, la femme comblée n'était nulle autre que moi. J'étais tout à la fois la belle au bois dormant et la Cendrillon des contes de fées. Mes chaussures s'étaient transformées en escarpins de verre et ma citrouille en carrosse.

Je me sentais comme Cendrillon dans son carrosse et le prince charmant s'appelait Ramy. Les mille lumières du fleuve éclairaient suffisamment nos vies pour nous permettre d'espérer le meilleur pour notre avenir à tous les deux.

Nous avons fait fi de certaines convenances afin de profiter pleinement de toute cette énergie que nous prodigue notre amour actuel.

Du mariage forcé à seize ans au mariage rêvé et insensé, mes fantasmes les plus audacieux se mêlaient désormais à ma vie réelle.

Mais la seconde tranche de cette nouvelle vie se poursuivait de l'autre côté de l'océan. Une fois mon féerique mariage célébré, une fois mon rêve bien accroché, il me fallait enjamber à nouveau cet océan et revenir à la réalité, sans tourner le dos au rêve.

Je vous présente quelques membres de ma belle-famille : de gauche à droite, un oncle, Ramy, moi-même, Ali, le beau-frère de Ramy, Ryham, la sœur de Ramy, le père de Ramy et une tante.

Ne touchez plus à mon corps

Une fois de plus, mes enfants m'attendaient à la maison, de même que mes difficultés. Je n'avais pas de quoi payer le loyer ni les factures, je n'avais même pas de quoi acheter de la nourriture.

J'entends d'ici les ragots que les voisins n'ont pas manqué de lancer dans mon dos : « Ça part en vacances à tout moment, quand ça lui chante, et ça ne paie pas son loyer. » J'ai affronté ce genre de critiques en me composant une image de femme forte, car je sais que ce monde écrase sans pitié les faibles. Comme je le faisais avant la sortie de mon livre, *Le Voile de la peur*, alors que je recevais des prestations d'aide sociale. Je refusais net d'avoir l'air misérable, ce que les fonctionnaires du gouvernement me reprochaient à mots couverts.

Au-delà de ces explications plus ou moins rationnelles, j'aurais bien envie d'être plus stable dans ma vie et dans ma tête. Mais quelque chose m'en empêche. Pour expliquer cette contradiction, voici l'hypothèse que je formule.

L'existence des uns s'écoule en eaux vives et claires, alors que pour d'autres elle est constituée d'eaux usées et sales. Entre ces deux extrêmes, toutes les nuances sont possibles. Mon existence à moi, elle se déroule dans les eaux tumultueuses des rapides. Une vie comme la mienne qui a eu lieu la plupart du temps dans des montagnes russes génère des doses massives d'adrénaline, de façon quasi permanente. C'est peut-être pourquoi je continue aujourd'hui de chercher l'aventure qui m'apportera ce courant d'énergie et cette pulsion qui fait vibrer plus que tout.

Serais-je accro à l'adrénaline, comme certains le sont à la cocaïne ou à l'héroïne?

En dépit des vents contraires, j'ai continué à me battre comme je le pouvais et j'ai travaillé pendant un temps pour une compagnie d'assurances. Au moins, ce travail me procurait de quoi nourrir les enfants. Mon rare sommeil était perturbé, tant j'étais tracassée par ce qui ne tournait pas rond autour de moi : l'avenir de mon mariage, celui de mes trois petits amours aussi! Demain, autrement dit!

Je m'inquiétais aussi de l'avenir de toutes ces femmes que j'avais côtoyées et de celles dont j'ignorais même l'existence. J'aurais donné n'importe quoi pour qu'elles soient respectées et mieux traitées dans cette partie du monde où j'avais pris connaissance de leurs difficultés.

Toute ma vie, une question sera demeurée sans réponse satisfaisante : quelles sont les véritables causes de cette profonde injustice, historique, politique et sociale dont souffrent les femmes partout sur la planète et dont j'ai tant souffert moi-même? Et le pendant à cette question : jusqu'à quand les femmes accepteront-elles de se taire et subiront-elles l'injustice où les hommes les confinent, en ne réagissant que trop peu? Oui, les femmes s'organisent, protestent, se portent secours les unes les autres, gèrent des maisons d'hébergement et tout le reste. Pourtant, la misère des femmes demeure entière aux quatre coins de cette planète. Loin de s'être amélioré, leur sort est une honte humaine qui pèse sur notre civilisation du XXIe siècle. Trop d'entre elles y survivent. Trop d'entre elles en meurent.

De mon point de vue, même une femme émancipée reste toujours une femme, c'est-à-dire une proie potentielle. À moins qu'un changement radical des mentalités ne survienne, il en sera ainsi indéfiniment.

Les centres qui accueillent les femmes maltraitées à travers le monde, même dans les pays où le principe d'égalité est porté haut et défendu avec vigueur, comme au Québec, sont les témoins objectifs de la stagnation des femmes. Elles ne cessent d'être persécutées dans leur milieu de travail, dans les rues et surtout dans leur propre domicile, là où l'oasis de paix se transforme en zone de guerre. En France, ne l'oublions pas, une femme meurt chaque jour sous les coups de son conjoint. Pourtant, là comme au Québec, cette rage n'a rien à voir avec la religion ou les traditions.

Le corps des femmes, ce champ de bataille, ce trophée de guerre et ce site de tous les châtiments, ce lieu de vengeance et d'apaisement de l'agressivité et de la frustration des hommes, le corps des femmes connaîtra-t-il enfin la paix?

Les supplices infligés aux femmes demeurent un fléau universel et les femmes musulmanes n'en sont pas les seules victimes. Partout on leur dénie l'égalité des droits, on souille leur corps, on se sert d'elles à des fins politiques. Quand cela s'arrêtera-t-il? Et surtout de quelle manière?

L'impuissance a très souvent raison de la volonté d'agir des femmes. La connivence entre les diverses incarnations de l'autorité, qui font tout pour camoufler ou nier les inégalités et les injustices, épuise l'énergie des femmes, qui savent ou apprennent assez vite que les dés sont pipés.

La panoplie des violences faites aux femmes est encore plus étendue dans les sociétés musulmanes qu'ailleurs. Tout d'abord, le bébé de sexe féminin est placé sous la tutelle d'un homme dès son premier souffle, et aucun de ses souffles subséquents n'échappera au père, au frère ou au mari. La violence physique, la plus visible des violences, modifie la personnalité et ravage l'estime de soi. L'homme qui y a recours fait bien entendu preuve de faiblesse, puisqu'il révèle par là son incapacité à échanger avec l'autre. Mais quel homme violent admettra cette réalité? Aux croyants, je rappelle cette phrase du prophète Muhammad[7]: «L'homme fort n'est pas celui qui montre la force de ses bras. L'homme fort est celui qui sait maîtriser sa rage.»

Il y a aussi la violence sociale qui inclut les crimes d'honneur, où le déni de justice est particulièrement révoltant. La société et la famille vont même s'appuyer quelquefois sur de simples soupçons pour mettre des femmes en accusation et les condamner à mort. J'ai hâte de connaître les résultats et le mobile surtout de la mort de ces quatre femmes afghanes retrouvées sans vie dans une auto engloutie dans le canal Rideau, près de Kingston, en Ontario, au début de l'été 2009. Le père, la mère et le fils ont été formellement accusés de

---

7. En français, on prononce Mahomet.

ces meurtres prémédités. Les journaux ont fait mention de crime d'honneur, mais la preuve reste à venir. Chose certaine, quatre femmes sont mortes et ne pourront jamais témoigner de ce qui leur est arrivé.

La violence sociale s'exprime aussi par le déni du droit à l'éducation. Les filles se voient encore privées du savoir, de la connaissance, du droit de mener des études supérieures. Dans bien des pays, on leur refuse sans discussion possible et cette voie d'accès à la liberté et à l'autonomie qu'est la compréhension du monde. Si la femme sait lire et écrire, c'est bien suffisant pour ses besoins, dit-on. Les études, c'est pour les garçons et la place des filles est à la maison. Ce qu'on se garde bien de dire, c'est qu'une femme instruite devient moins manipulable.

S'ajoute à cet éventail déjà très large la violence économique qui se matérialise dans les distributions de la richesse, notamment dans l'inégalité des salaires. Le même travail, ou un travail équivalent, ne commande pas le même salaire si on est une femme. Même l'administration de la succession participe à cette violence. Dans certains pays, les femmes reçoivent la moitié de l'héritage, dans certains autres, le huitième. Il y a même des pays qui se prétendent émancipés et modernes, mais qui ne reconnaissent aux femmes aucun droit à l'héritage.

Mais la plus répandue de toutes les agressions prend sans doute le masque de la violence psychologique. À tout propos, l'homme menace la femme de divorcer, sachant l'état de dénuement qui serait alors le sien. Plus affligeant encore est l'abandon d'une femme sans que les liens du mariage soient rompus. L'homme se contente de proclamer :

« Tu n'es plus ma femme devant Dieu, mais tu ne seras jamais libre pour autant, puisque tu ne pourras jamais te remarier. Moi, si. » Il n'y a pas plus destructeur que ce phénomène, croyez-moi.

Quelle est donc la source véritable du problème? Notre corps? Notre sexualité? Notre pouvoir d'enfanter? Ou bien notre vision du monde parfois diamétralement opposée à celle des hommes?

*

Je me permets d'espérer un bref moment. Dans mon rêve éveillé, les hommes de chez nous appliquent un principe équitable et logique. Chaque humain règne sur sa propre vie, quel que soit son sexe. L'existence se déroule comme elle aurait dû depuis la nuit des temps. L'homme et la femme gèrent les affaires de la famille dans un esprit de partenariat, d'où toute forme de despotisme est bannie. L'homme et la femme s'entendent et partagent la charge de ces affaires comme deux partenaires égaux.

Ici encore, permettez-moi de citer Muhammad: « Jamais la douceur n'a été posée sur une chose sans l'avoir rendue plus belle. Et jamais la violence n'a été posée sur une chose sans l'avoir rendue plus laide. »

*

Au nom de mes protégées Hania et Safia, au nom de Rahmouna, Fatiha et Nadia, martyres et résistantes du drame de Hassi Messaoud, au nom de ces femmes éconduites, répudiées ou violées, qu'elles se nomment Hassia, Carole ou Monique, au nom de toutes les opprimées de la Terre, en mon nom, finalement, j'aimerais comprendre de qui les femmes sont les victimes. De quoi sont-elles responsables ou blâmables? Sont-elles victimes de la société, des traditions, de la famille et de son honneur, des religions? Ou, demandons-le franchement, sont-elles coupables d'être femmes?

Les femmes répudiées en Égypte et dans bien d'autres pays arabes se comptent par milliers. Je voudrais bien sauver toutes ces oubliées de la Terre, mais j'espère que mon action en incitera quelques-uns à poser d'autres gestes afin de venir en aide à ces femmes dont le seul « crime » est d'avoir aimé un homme.

Ici et maintenant

À Montréal, il m'arrive parfois de penser à ma famille, là-bas, en Algérie. De m'imaginer que je suis toujours avec elle. J'essaie alors d'entrevoir la suite de ma vie. Que serait-elle? Que serait celle de mes filles? Le mari dont j'étais la chose insignifiante m'aurait-il tuée ou est-ce moi qui aurais anéanti le monstre? Lorsque j'étais son objet, chaque nuit je priais pour ne pas vieillir auprès de lui. Mon seul recours était cette prière silencieuse, inaudible pour la bête malfaisante qui dormait à mes côtés, repue de sa férocité. J'invoquais Dieu et Lui confiais: «Si Tu m'aimes comme je T'aime, délivre-moi de lui.»

Je repense à mes frères et je nous revois enfants. Petits, nous nous aimions. J'avais mal quand mon père les battait. Je souffrais quand ils souffraient et je me disais qu'il était préférable de mourir la première pour ne pas avoir à subir la perte de l'un d'eux. Nous étions si joyeux lorsque nous nous amusions ensemble! Je ne trouvais de réconfort qu'auprès d'eux.

Que sont devenus ces petits garçons qui prenaient ma défense auprès de nos parents? Qui m'aidaient par exemple à choisir celui qui ferait le moins mal quand mon père m'ordonnait d'aller chercher un bâton pour me battre?

Aujourd'hui, ces petits garçons sont devenus des hommes d'affaires prospères. Un seul est non pratiquant et vit en Espagne. Les autres ont épousé des Algériennes qui portent le voile. C'est ceux-là dont j'ai le plus peur. Il y a un cauchemar récurrent qui me réveille chaque fois en sursaut. Je me vois allongée sur une table, le ventre grand ouvert, et mes frères, en cercle tout autour de moi, mangent mes entrailles.

Dans un revirement en parfaite contradiction avec ce cauchemar terrifiant, je rêve qu'un de mes frères vient à mon secours et, dans un même élan, me demande pardon. C'est d'autant plus improbable que l'un d'eux, en qui j'ai mis ma confiance en lui remettant une procuration, a vendu ma maison à Alger et ne m'a jamais rendu la somme rondelette qu'il a retirée de la vente.

Le temps a été un professeur dur mais clairvoyant qui m'a convaincue de ne plus compter sur eux, ni sur personne d'autre, du reste. En dépit de nos différends et de nos mauvaises expériences de communication, je préfère garder l'image, peut-être un peu magnifiée, de notre tendre enfance.

*

Mon récit va bientôt prendre fin. À celles et ceux qui m'ont accompagnée jusqu'ici, je voudrais donner brièvement des nouvelles des êtres qui me sont chers. Comme on le fait avec ses amis.

Norah et Mélissa, les deux petites filles que j'ai entraînées dans mes fuites successives et qui ont traversé avec moi des zones de terreur absolue, sont devenues de belles jeunes femmes libres et indépendantes qui volent de leurs propres ailes. Elles mènent la vie que j'aurais voulue à leur âge. Ce sont elles qui m'ont donné la force de rompre mes chaînes familiale et conjugale et de fuir en affrontant tous les dangers.

Ma fille Mélissa, qui vit à Calgary avec Élya, son amoureux.

Norah et Mélissa sont mariées et heureuses avec leur conjoint. Alors que Norah et sa fille Norah-May habitent à deux pas de chez moi, ma petite Mélissa vit et travaille à Calgary, dans l'Ouest canadien, avec son prince charmant Élya. Elle est bien loin, mais elle demeure en permanence tout près, dans mon cœur. Norah-May, ma petite-fille, grandit en grâce et en beauté; la charmante enfant m'appelle *mima*, ce qui signifie grand-maman en arabe et me laisse l'impression de ne pas vieillir prématurément. Elle est bien nommée, car Norah veut dire première lumière du jour et May veut dire grâce.

Même si leur succès scolaire est bien relatif, mes trois garçons restent toujours mes champions. Les jumeaux Ryan et Elias poursuivent leurs études secondaires. Ils ont douze ans et tout un avenir devant eux. Ils font partie des cadets de l'air de notre ville et font ma fierté dans leur uniforme. Zacharie, mon tout-petit de dix ans, termine sa troisième année du primaire et il est bavard comme une pie. Tout l'intéresse et il a toujours quelque chose à dire, ou à redire.

Ma seule préoccupation, c'est qu'ils ont tous trois un déficit d'attention. Les responsables scolaires me disent invariablement qu'ils vivent dans leur bulle, dans leur propre univers. Pour ma part, je sais pourquoi il en est ainsi. Peu d'enfants auraient tenu le coup comme eux, mes champions. Leur bagage recèle des souvenirs de la guerre civile, du terrorisme politique et familial, de la séparation d'avec leur père, de l'instabilité permanente, de la difficile survie quand nous étions des sans-abri. Ils n'étaient que des bébés lorsque tout cela est survenu dans leur vie! Je m'estime chanceuse qu'ils s'en tirent avec seulement

Voici mes trois champions, Elias, Zacharie et Ryan.

un retard de scolarité. J'essaie de leur apporter le plus de sécurité et de bonheur possible, même quand ces sentiments semblent me déserter moi-même.

Ramy, mon adorable conjoint, n'attend qu'un visa pour venir me rejoindre ici. Mais, même en remuant ciel et terre, l'intégration ne sera pas aisée. Il parle arabe et un peu anglais, mais il ne possède aucune notion de français. En attendant sa venue, je vais le retrouver au Caire aussi souvent que je le peux et, dans la beauté de ces retrouvailles, j'oublie même mon tortionnaire de premier mari qui se transforme alors en mirage.

Mon fils Amir ne m'a pas donné signe de vie depuis sa venue au Québec et notre unique rencontre il y a presque deux ans. Il m'a fait transmettre un message par sa sœur Norah : « Tu peux lui dire qu'elle a foutu le bordel dans ma relation avec ma fiancée. » La famille plutôt libérale de celle-ci aurait lu *Le Voile de la peur* et craindrait maintenant que le fiancé soit un activiste ou un conservateur acharné. Quoi qu'il en soit, mes sentiments à son endroit continuent de fluctuer entre l'amour et la haine.

Quant à ma petite sœur Amal, je n'attends qu'un signe de sa part et dès lors je mettrai tout en œuvre pour l'aider à faire ce qu'elle a à faire.

Mes parents, malgré tout ce qu'ils m'ont fait endurer, je ne peux que leur pardonner. C'est ainsi.

Mes protégées égyptiennes, Hania et Safia, coulent une vie tranquille dans leur appartement d'un quartier populaire du Caire dont elles prennent grand soin. De même que la plus grande de leurs filles, Hanane, elles exécutent de petits travaux, tandis que les autres enfants, qui ne fréquentent pas l'école, continuent de mendier. Ce n'est pas tout de posséder un appartement, il faut bien mettre de la nourriture sur la table.

Safia et Hania ne le savent pas, mais elles doivent une fière chandelle à ma conseillère financière, Manon, qui a été de connivence dans ce projet un peu fou et qui a su convaincre son directeur de son importance. Je les salue tous les deux avec émotion et je m'incline devant leur compassion.

Remerciements

Mille mercis s'adressent à La Caisse Desjardins Provost, à Lachine et principalement à Manon Jacques, Michèle Lefebvre et Pierre Beaudin.

À un certain J.-M. Labrecque de Bécancourt.

À une dame égyptienne du nom de Janette Ibrahim.

À M. Paul Scotti et à tous ceux qui me soutiennent dans mes démarches.

À mon éditeur qui m'a donné la chance prodigieuse de faire connaître mon histoire et ainsi de tendre la main à toutes ces femmes qui n'ont pas de voix.

DISTRIBUTEURS EXCLUSIFS

Distributeur pour le Canada et les États-Unis
LES MESSAGERIES ADP
MONTRÉAL (Canada)
Téléphone : (450) 640-1234 ou 1 800 771-3022
Télécopieur : (450) 640-1251 ou 1 800 603-0433
www.messageries-adp.com

Distributeur pour la France et autres pays européens
DISTRIBUTION DU NOUVEAU MONDE (DNM)
PARIS (France)
Téléphone : 01 43 54 49 02
Télécopieur : 01 43 54 39 15
Courriel : info@librairieduquebec.fr

Distributeur pour la Suisse
(À l'usage exclusif des libraires)
SERVIDIS / TRANSAT
GENÈVE (Suisse)
Téléphone : 022/342 77 40
Télécopieur : 022/343 46 46
Courriel : transat-diff@slatkine.com

Dépôts légaux
Bibliothèque nationale du Canada
Bibliothèque et Archives nationales du Québec, 2009
Imprimé au Canada